Else Wiegard

Heute sterbe ich,
heute lebe ich!

Buchreihe: Lebenserfahrungen

Else Wiegard

Heute sterbe ich, heute lebe ich!

Leben mit einem schwerstbehinderten Kind

Becker

Bibliographische Information Der Deutschen Bibliothek:
Die Deutsche Bibliothek verzeichnet diese Publikation
in der Deutschen Nationalbibliographie;
detaillierte bibliographische Daten sind im Internet
über http://dnb.ddb.de abrufbar.

Verlag Hartmut Becker
Bücher zu Schlüsselfragen des Lebens
In den Borngärten 9
35274 Kirchhain
Tel.: (0 64 27) 93 04 55 · Fax: (0 64 27) 93 04 57
E-Mail: verlag-hartmut-becker@t-online.de

www.verlag-hartmut-becker.de

1. Auflage 1998
2. Auflage 2000
3. Auflage 2001
4. Auflage 2004
5. Auflage 2006

© 1998 Verlag Hartmut Becker, Marburg/Kirchhain
Gesamtherstellung und Umschlag: Hartmut Becker
Lektorat: Kerstin Bandow, Hartmut Becker
Reproduktion der Bilder,
Druck und Weiterverarbeitung:
Fuldaer Verlagsagentur GmbH, Fulda
Alle Rechte vorbehalten.
Gedruckt auf chlorfrei gebleichtem Papier.
Printed in Germany.

ISBN-13: 978-3-929480-23-8
ISBN-10: 3-929480-23-9

*In liebevoller Erinnerung
an unseren Engel Karin*

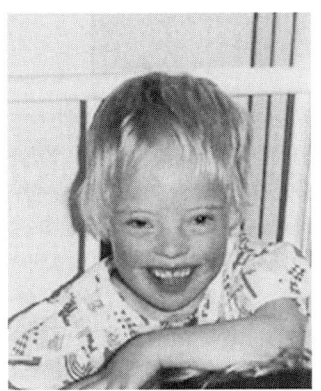

Darum geht es in diesem Buch:

Im vorliegenden Buch schildert Else Wiegard in ergreifender Weise das Zusammenleben mit ihrer schwerstbehinderten Tochter Karin. Karin, ein Zwillingsmädchen, hat das Downsyndrom (Trisomie 21, »Mongolismus«), leidet unter Blutplättchenmangel und ist schwer herzkrank. Sie ist weitgehend sprachunfähig und weist autistische Züge auf.

Täglich ist da die Angst um ihr Leben. Jeder Herzanfall und jeder Herz- und Atemstillstand bedeutet für Karin und ihre Familie Sterben und Neugeborenwerden.

Doch trotz der schweren körperlichen und geistigen Behinderungen erweist sich gerade der kleine »Engel« Karin als größte Bereicherung der Familie überhaupt. Sie wird zum Mittelpunkt und Bindeglied. Ihre Angehörigen und Freunde bejahen gerade das Zusammensein mit ihr als wertvolle, sinnvolle und freudespendende Aufgabe.

Bei ihrem Tod mit 18 Jahren verabschiedet sich Karin voll bewußt von ihren engsten Angehörigen. Nach dem Verblassen der Trauer über den Verlust eines lieben Menschen bleibt der Dank für ihr Leben bei den Familienmitgliedern zurück, die bekennen: »Ohne das Leben mit Karin wären wir nicht diejenigen geworden, die wir heute sind!«

Das bewegend und rührend geschriebene Buch zeigt aber ebenso, daß gerade auch Behinderte große Freude am Leben erfahren können und ihren Mitmenschen viel zu geben haben. Ihr Leben hat nicht nur Wert, sie haben auch einen Anspruch auf Menschenwürde!

Hartmut Becker

Inhalt

Ein besonderer Tag

Frühmorgens öffne ich mein Schlafzimmerfenster und spüre sofort: Für mich ist heute ein besonderer Tag! In meiner Seele ist Feiertagsstimmung. Es ist Sonntag, die Glocken der Dorfkirche läuten, und es scheint ein herrlicher Sommertag zu werden. Die Vögel zwitschern, die Schmetterlinge fliegen von Blume zu Blume, überall blüht und grünt es, und auf den Feldern duftet das Heu. Ich bitte meine Familie: »Laßt uns heute etwas Schönes unternehmen!«

Noch ahne ich nicht, daß dies zugleich der Sonntag ist, der gegen Mitternacht alle meine Energien fordern und eine schwerwiegende Veränderung in unser junges Familienleben bringen wird. Probleme und Kummer habe ich in den sieben Jahren meiner Ehe mit einem Alkoholiker reichlich erlebt, doch die größte Herausforderung sollte noch kommen ...

Während ich so am Fenster stehe, werde ich immer nachdenklicher. Meine Gedanken wandern zwischen Vergangenheit und Gegenwart hin und her: Trotz des Alkoholismus meines Mannes haben wir recht viel im Leben erreicht: Mein Mann ist aus dem unruhigen Dienst in drei Arbeitsschichten in den geregelten Tagesdienst bei einem staatlichen Arbeitgeber gewechselt und hat dadurch mehr Wohlbefinden und größere finanzielle Sicherheit gewonnen. Wir fahren ein kleines Auto, und ich verdiene als Krankenschwester im Nachtdienst nicht gerade schlecht. Außerdem haben wir begonnen, ein Eigenheim zu bauen. Stolz blicken wir nicht zuletzt auf Erik, Christoph und Ulrich – unsere drei strammen, gesunden Söhne im Alter von drei, vier und fünf Jahren.

»Dann sind es eben drei Jungen und kein Mädchen!« trösten wir uns darüber hinweg, daß uns wohl keine Tochter vergönnt ist. Unsere Babysachen haben wir längst auf dem Flohmarkt verkauft.

Da ich immer öfter an migräneartigen Kopfschmerzen litt, konsultierte ich vor längerer Zeit mehrere Ärzte. Sie stellten widersprüchliche Diagnosen. Der eine meinte, die Schmerzen kämen von Verspannungen der Nackenmuskeln. Ein anderer glaubte zu wissen, die Pille sei schuld. »Wenn ich die Pille weglasse, werde ich es ja merken«, war mein Entschluß – und ich merkte es nur zu bald: Ich wurde schwanger!

Nun müssen wir uns also auf ein viertes Kind einstellen. Meine Schwiegermutter hat nur den Kopf geschüttelt und verärgert kommentiert: »Mußte das denn sein?« Die Blicke der Leute in unserem Dorf verraten Ähnliches.

Ich fühle mich nicht anders als während der vorangegangenen Schwangerschaften. Das Strampeln der kleinen Beinchen empfinde ich genauso heftig. Und so stelle ich mich auf einen vierten Jungen ein.

Doch ich bin schon ein bißchen beunruhigt: Bin ich nicht längst durch den großen Haushalt und die drei kleinen Kinder, den anstrengenden Nachtdienst und die Übernahme von Verantwortung für meinen alkoholkranken Mann überlastet?

Als ich vor einigen Wochen meinen Mann an der Baustelle unseres Hauses abholte, erzählte ich ihm von dem Film »Unser Walter«, den ich im Fernsehen gesehen und der mich sehr betroffen gemacht hatte. Es ging darin um ein Kind mit Downsyndrom (Trisomie 21, »Mongolismus«), einer Chromosomenstörung mit körperlichen und geistigen Behinderungen. Nachdenklich fragte ich ihn: »Wenn wir solch ein Kind bekämen, was dann?« Warum mich das Schicksal des behinderten Jungen in dem Film so sehr beschäftigte, weiß ich nicht – habe ich doch als Kinderkrankenschwester unzählige mongoloide Kinder als meine Lieblingspatienten gepflegt. Aber wenn es *mein* Kind wäre?

Der schöne Sommertag holt mich in die Gegenwart zurück. »Meine vier Männer« sind guter Dinge. Seit einigen Wochen besitzen wir nun ein neues Auto, einen VW Käfer. So entschließen wir uns, heute nachmittag meine Schwester zu besuchen und bei ihr auf der Terrasse ihres Bauernhauses Kaffee und Kuchen zu genießen und miteinander zu plaudern. Unsere Kinder lieben das Landleben mit Hühnern, Schweinen, Kühen, Hund und Katze, die sie hier in buntem Durcheinander beobachten können; und sie spielen gern mit den Kindern meiner Schwester, die im gleichen Alter sind. Während die Kinder sich von den vielen bunten Eindrücken faszinieren lassen, können wir Erwachsenen uns ebenfalls erholen. Ich kann etwas Entspannung gut gebrauchen, denn ich bin inzwischen hochschwanger, und mein Entbindungstermin rückt immer näher.

Nach diesem erlebnisreichen Nachmittag gelingt es uns nur mit Mühe, unsere satten, müden und wannenreifen Burschen ins Auto zur Heimfahrt zu locken.

Auf dem Rückweg beschleicht mich eine ängstliche Vorahnung ... Ich spüre kein Leben mehr in meinem Bauch! Obwohl der Geburtstermin noch etwas Zeit hat, sagt mir mein sechster Sinn: Da ist etwas nicht in Ordnung!

Um das Leben in mir wieder anzuregen, nehme ich, zu Hause angekommen, sofort ein heißes Bad. Nichts Gutes ahnend, fühle ich den Eintritt der Geburt und ertaste etwas Winziges – ein Füßchen?

Geburt

Angsterfüllt treibe ich meinen Mann zum Telefon und bitte ihn, den Arzt und die Hebamme anzurufen. Doch kopflos und unverrichteter Dinge kehrt er zurück, derweil ich schon mit gepackten Taschen bereitstehe, das Krankenhaus aufzusuchen.

Als wir schließlich in der Klinik ankommen, beauftrage ich die Nachtschwester: »Bitte holen Sie sofort die Hebamme und den Arzt!«

Ich weiß aus eigener Berufserfahrung, wie verärgert so mancher Arzt werden kann, wenn er unnötig in der Nacht aus dem Schlaf gerissen wird, und so verstehe ich die zögerliche Rückfrage der Krankenschwester: »Muß es denn gleich der Arzt sein?« Ich aber bin unerbittlich, und sie spürt die Dringlichkeit.

Der Arzt kommt und untersucht mich sofort, und nun weicht er mir nicht mehr von der Seite. Auch mein Mann ist bei mir. Das empfinde ich als sehr wohltuend. Die Wehen werden heftiger – und mit ihnen die Angst um das neue Leben.

Fünf Minuten vor Mitternacht kommst Du, mein kleiner Engel, als winziges Mädchen in Steißlage zur Welt, hältst Dich verkrampft an der Waage fest, auf die Du ganze 1 700 g bringst und schreist aus Leibeskräften.

»Wie soll sie denn heißen?« erkundigt sich die Hebamme. Ich flüstere: »Wir wissen's noch nicht – Anne oder Karin.«

»Dann muß diese aber ›Karin‹ heißen«, meint sie. – Ich begreife nicht!

Und der Arzt verkündet: »Das war Nummer eins, gleich werden wir die Anne haben!«

Ich weiß gar nicht, wie mir geschieht. Der Arzt ermahnt meinen Mann durchzuhalten. »Bleib schön hier! Was du dir eingebrockt hast, das mußt du nun auch auslöffeln. Das ist doch klar!«

Aber das zweite Kind tut sich schwer. Es muß gedreht und durch Vakuum geholt werden. Erneut setzen die Wehen ein. Mit letzter Kraft drücke ich das nächste Baby ans Licht der Welt. Endlich! Erlöst! Ein zweites Mädchen – Deine Zwillingsschwester! Und niemand ahnt, wie wichtig Ihr beide für uns und füreinander noch sein werdet.

Aber obwohl das zweite Kind 800 g mehr wiegt und damit kräftiger erscheint, gibt es keinen Laut von sich. Ängstlich halte ich die Hand meines Mannes. Ich vermisse das Schreien! Die Sorge um dieses Kind steht förmlich im Raum. Immer wieder schaue ich angestrengt aus meiner Lage hinüber auf die andere Seite des Entbindungssaals, wo der Arzt und die Hebamme sich intensiv mit dem Baby befassen.

Nun geht es nicht mehr um mich. Auch dieses zweite Kind soll leben, hoffe ich inständig. Es hat Fruchtwasser geschluckt, das nun abgesaugt werden muß, und das Kind muß beatmet werden. Mein Mann drückt mir die Hände, wischt mir den Schweiß von der Stirn. Wir beide haben nur eine Hoffnung: daß das Kind lebt!

Da – leise – kommt ein erster zaghafter Ton, der sich zögernd fortsetzt und allmählich immer kräftiger wird! Erleichtert schauen wir uns an. Das also ist nun unsere Anne! Die Zeit ist fünf Minuten nach Mitternacht.

Die Hebamme erfüllt ihre Formalitäten: Uhrzeit, Länge, Kopfumfang, Gewicht, Name. »Wenn diese Zwillinge auch zweieiig sind, so wollen wir doch nicht auch noch zwei verschiedene Geburtstage einsetzen«, sagt sie mit einem Blick auf die Uhr. Wir entscheiden uns für den ersten Tag: Sonntag, den 21. Juli.

Wie ein Lauffeuer breitet sich die Nachricht von der Geburt unserer Zwillinge bei Verwandten und Bekannten aus – und sie bedauern uns. Ich dagegen freue mich sehr – weiß ich doch noch nicht, was da auf mich zukommt. Am Tag nach der Geburt lasse ich mich mit den Zwillingen – in jedem Arm ein Kind – fotografieren. Später wird mir dieses Foto sagen: »Du hättest erkennen müssen, daß da etwas nicht stimmte!« Aber ein gewisser Selbstschutz verschließt mir zunächst den Blick für die Problematik. Ich sehe nur das unterschiedliche Geburtsgewicht von 800 g: die zarte Karin und die etwas kräftigere Anne. Und ich freue mich, daß wir alle leben!

Ich bin so glücklich und hoffnungsfroh mit meinen zwei kleinen Mädchen! Doch schnell stellt sich heraus, daß Du, mein kleiner Winzling, Karin, nicht trinken willst. Und weil Du so schwach bist, wirst Du am folgenden Tag mit dem Traginkubator in das nächste Krankenhaus – den Ort meiner vorherigen Tätigkeit – auf die Säuglingsstation gebracht. Gesagt wird mir sonst jedoch nichts.

Ich versuche, mich, so gut es geht, im Wochenbett zu erholen. Gedanklich aber bin ich immer bei Dir, mein kleines, winziges Mädchen. Als Trost bleibt mir Deine Zwillingsschwester Anne.

Die Diagnose

Nach neun Tagen Wochenbett zieht es mich beunruhigt ins Nachbarkrankenhaus. Ich packe unsere Kinder ins Auto und fahre sehr gespannt und aufgeregt los.

Die mir bekannte Säuglingsschwester hält Dich, Karin, nahe an die Scheibe. Dabei sieht sie mich so seltsam an. Ich denke: »Als Säuglingsschwester weiß ich doch selbst um die Hilflosigkeit dieser kleinen Wesen«, und ich hoffe inständig, daß Du groß wirst.

Ich sehe, daß Dein Gesicht aufgedunsen ist, und erfahre, daß Dein Körpergewicht auf 1 200 g zurückgegangen ist. Wie winzig Du bist, mein Engel! Das kommt besonders zum Tragen, weil Du um Deinen nackten, zierlichen Körper nur eine kleine Windel geschlungen trägst. Ich sehe die vielen Schläuche, die Dich künstlich ernähren und Dir Sauerstoff zuführen. »Lieber Gott, laß sie leben!« ist mein einziger Gedanke. Erneut fühle ich mich von meiner Kollegin hinter der Scheibe verstohlen beobachtet.

»Irgend etwas stimmt bei den anderen Säuglingen nicht!« sage ich nach einer Weile unbeholfen und doch entschlossen zu ihr. Die Erkenntnis, daß es genau umgekehrt ist, kommt mir trotz meiner Erfahrung nicht. Ich bin blind für die Wahrheit. So empfiehlt mir die Schwester, mit dem Stationsarzt zu sprechen.

Mutig sitze ich einige Minuten später dem unsicher und zögerlich wirkenden Arzt gegenüber und erkläre: »Sie können mir ruhig sagen, wenn ›was ist‹! Ich habe ja das Kinderkrankenpflegeexamen und kenne mich aus.«

Doch was dann kommt, trifft mich wie ein Blitz aus heiterem Himmel: »Ihr Kind hat das Downsyndrom und ist schwer herzkrank! Sie kennen ja die Symptome der Trisomie 21.

Öffnen Sie den Inkubator, und schauen Sie Ihr Kind in Ruhe daraufhin an! Wenn Sie wollen, können wir durch Blutproben den genauen Nachweis führen. Und die Zwillingsschwester möchten wir auch gerne genauer untersuchen.«

Benommen gehe ich ins Säuglingszimmer, an den Inkubator, ziehe Schutzkleidung an, drehe die Öffnungen für meine Arme auf, betaste Dich, mein Kind, sehe kritisch nach allen Zeichen, schaue in die Handinnenflächen Deiner winzigen Händchen und sehe eindeutig die durchgehende Linie als eines der Hauptsymptome der Trisomie 21.

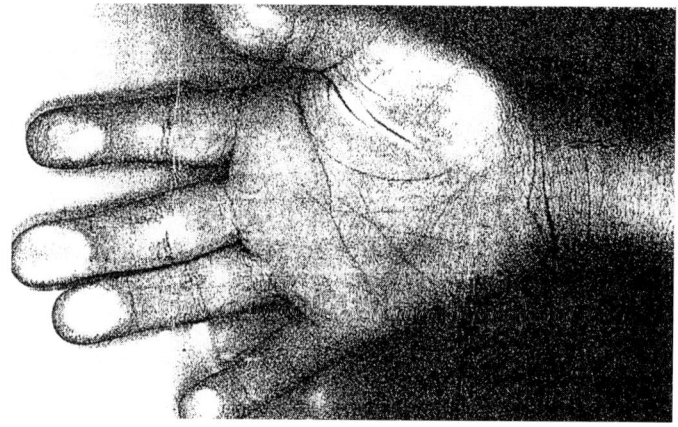

Du sollst leben,
und wir wollen Dich lieben!

Nun fällt es mir wie Schuppen von den Augen: Du, unsere Tochter Karin, bist schwer behindert! Da brauche ich keine Beweise mehr. Wie in Trance packe ich meine mitgebrachte Kinderschar ins Auto. Tränen rollen mir über die Wangen. Ich bemerke nicht, ob die Ampeln grün oder rot sind. Meine aufgesetzte Stärke ist ins Wanken geraten. Wie soll ich das verkraften? Deinem Vater, der auf dem halbfertigen Neubau des Nachbarhauses steht, als ich zurückkehre, rufe ich zu: »Wenn du jetzt noch weiter trinkst, weiß ich nicht mehr, was ich tue!«

Wir sind dabei, zusammen mit einer Baugesellschaft durch Eigenhilfe ein Häuschen zu bauen. Neun Familien haben sich hier zu einem solchen Bauvorhaben entschlossen. Nach zweieinhalbjähriger Bauzeit gehen nun die Nerven der Baukollegen, aber auch die physischen und psychischen Kräfte Deines alkoholkranken Papas dem Ende entgegen. Erst kürzlich erzählte ich ihm betroffen: »Weißt du, wenn wir solch ein Kind bekämen wie in dem Film ›Unser Walter‹ ...« Jetzt stehe ich wieder vor ihm, sichtlich benommen von der ärztlichen Diagnose, doch diesmal ist es mein eigenes Kind. Als ich Deinem Papa die Nachricht bringe, ist auch er sehr betroffen. Noch nie habe ich ihn weinen sehen, aber jetzt bricht's aus ihm heraus ...

Seine Schuldgefühle, durch sein Trinken Deine Behinderung verursacht zu haben, sind sehr groß. Ich versuche, sie zu entkräften und erkläre ihm: »Es ist ein Unfall der Natur, eine Chromosomenerkrankung! Das Chromosom 21 ist dreifach vorhanden. Wenn es mit uns zu tun hat, dann eher mit mir als mit dir.« Doch ich vermag ihn nicht zu beruhigen. Daß ihm das alles später ein Fachmann bestätigt, mag sein Gewissen erleichtert haben. Doch unsere Sorgen türmen sich trotzdem wie ein Berg vor uns auf. Wir stehen plötzlich vor einer Situation, die sonst immer nur den anderen passiert, nie einem selbst ... Wir sind mit einer völlig neuen Realität konfrontiert, die *unser* Leben werden wird.

Auch mein eigenes Gewissen meldet sich: Tief verwurzelt in mir ist die strenge religiöse Erziehung meiner Kindheit, die durch Vorstellungen von Schuld, Sünde und Strafe Gottes sowie durch Druck und Macht Ängste erzeugt hat, wo Liebe und Vertrauen vonnöten gewesen wären. »Eine Strafe Gottes ist dieses Kind!« spricht meine innere Stimme. Und ich erinnere mich an frühere Erfahrungen: Liebe heißt, sie sich verdienen zu müssen und stets das Gefühl zu haben, sie doch nicht zu bekommen – das ist die vertraute Erfahrung meiner Kinder- und Jugendjahre.

Auf dieser ständigen Suche nach Liebe, die mich trieb, gebraucht zu werden, bin ich der Stimme meines religiösen Gewissens gefolgt und habe Gott im Kloster gedient. Zehn Jahre war ich als Ordensschwester überwiegend in der Krankenpflege tätig, und ich hatte bereits meine ewigen Gelübde abgelegt, als mich ein neuer Ruf meines Gewissens aufforderte, meine ganze Liebe einem alkoholkranken Mann – der gerade mich brauchte und braucht – zu geben und somit das Kloster zu verlassen

Trotz Erlaubnis von Rom und meiner eigenen Überzeugung, richtig gehandelt zu haben, meldet sich nun also wiederum mein religiös geprägtes Gewissen: »Eine Strafe Gottes ist dieses Kind!« werden die ehemaligen Mitschwestern denken, das ist meine Phantasie. »Das hat sie nun davon!« werden sie sagen.

Weil ich stets nach außen gerichtet lebe und in meinem Inneren vor allem von Schuldgefühlen geprägt bin, habe ich zu eigenen positiven Gefühlen gar keinen rechten Zugang.

Ich flehe meinen Gott an: »Soll das deine Vorsehung sein? Wo bist du in meiner Not? Warum auch das noch? Und warum gerade ich?«

Unsere Nachbarn kommen und versuchen, uns mit Worten zu trösten wie: »Das wird schon wieder!« oder: »So schlimm wird es doch wohl nicht sein!« Eine Bekannte äußert hilflos: »Sei froh, daß sie Haare hat!«

Aber mir kann niemand mehr etwas vormachen. Meine Schleier sind gefallen! Ich weiß, was da auf mich zukommt! Wie soll das alles weitergehen? Mein Kind, wie verkrafte ich das neben der Sucht Deines Vaters? Wie werden Deine Geschwister mit Dir und Deiner Behinderung umgehen? Was ist, wenn ich sterbe und Du mich überlebst? Wie kann ich den anderen gerecht werden? Wo ist der Partner, der mir gerade jetzt zur Seite steht – und ebenso Dir, meinem Sorgenkind? Schließlich wirst Du uns ein ganzes Leben lang brauchen!

Wir werden von allen Seiten beeinflußt, Dich, unser behindertes Kind, fortzugeben. Ich bin völlig verunsichert. Mein Kopf ist wie ein Karussell. Deine Oma meint, Du gehörst unter Deinesgleichen. Außerdem könnten die gesunden Kinder Dein Verhalten nachahmen, ist ihre Besorgnis. Von meinen Mitschwestern im Nachtdienst und den Ärzten an meinem Arbeitsplatz bekomme ich zu hören: »Ich würde doch solch ein Kind nicht behalten!« Und selbst der Chefarzt rät mir: »In Ihrer besonderen Lage würde ich das Kind in ein Heim abgeben.« Ein Pädagogenehepaar will Dich adoptieren, doch dagegen wehrt sich auch Dein Papa.

Dein ältester Bruder, Ulrich, gerade fünf Jahre alt, hat über Dich gesagt: »Mama, die Karin sieht ja aus wie ein Affe!« Ich habe ihm erklärt, daß Du behindert bist und warum ich so oft weinen muß.

»Ihr Kind wird höchstens fünf Jahre alt werden – bei der heutigen Medizin vielleicht auch ein paar Jahre mehr«, prophezeit der Kinderarzt. Ich bin traurig. Keiner macht mir

Hoffnung mit Dir, mein Schatz. Aber Du sollst leben, und wir wollen Dich lieben, das ist mein Gefühl und meine Entscheidung!

Doch selbst Dein Papa läßt mich im Stich und meint nun plötzlich: »Unser Kind ist wohl besser in einem Heim aufgehoben.« – »Warum gibt auch er auf?« grüble ich und kann erst viel später verstehen, daß er schon mit seinen eigenen Problemen überfordert ist. Wieviel mehr wäre er es dann erst mit fünf kleinen Kindern und dieser Behinderung? Die ständigen Hinweise der Ärzte auf Dein kurzes Leben sollen uns wohl beruhigen. Mut machen sie mir auf diese Weise allerdings nicht.

Mußtet ihr denn
fünf Kinder haben?

Ich lerne schnell: Wir können nur einen Schritt nach dem anderen gehen. Zunächst wollen wir unsere Zwillinge taufen lassen. Weil Ihr so zierlich und winzig seid, geschieht dies in der Krankenhauskapelle. Deine drei Brüder bekommen damit den ersten körperlichen Kontakt zu Euch zarten Schwestern. Andächtig tragen die beiden Älteren, Christoph und Ulrich, die Taufkerzen für Euch Zwillinge; und der kleine Erik hält ein Biedermeiersträußchen. Um gerade ihn während der Tauffeier ruhig zu halten, bekommt er in die andere Hand einen Zwieback gedrückt.

Sichtlich gezeichnet von den Strapazen der vergangenen Wochen, wohnen wir Eltern zusammen mit den Paten und der Schwiegermutter der Tauffeier bei. Während Deine Schwester Anne bei dem Guß des kalten Wassers laut schreit, liegst Du, unser Sorgenkind, matt und schwach, mit schlaff herunterhängenden Ärmchen und hilfesuchendem Blick in meinen Armen. Ich hätte Dich anschließend gern mitgenommen, habe mich dann aber doch überreden lassen, Dich zunächst einmal in Betreuung zu geben – vor allem auch deshalb, weil ich selbst mich noch einer Operation unterziehen muß. Ich fühle mich schlecht. Alles hängt von mir ab. Mein Herz ist schwer, und in meinem Kopf herrscht Chaos.

So wirst Du zunächst in einem 40 km entfernt gelegenen Mutter-Kind-Heim untergebracht, während ich operiert werde. In der Zeit meines Krankenhausaufenthalts meint das Schicksal es gut mit mir. Ich erlebe einen Lichtblick im dunklen Wirrwarr meiner Gedanken und Gefühle. Meine Mitpatientin gibt mir Adressen anderer Familien mit behinderten Kindern, an die ich mich wenden kann. Außerdem stoße ich auf eine Krankenschwester, deren Mann auch Alkoholiker ist; und es kommt zu einem befreienden Gespräch mit ihr. Es ist nicht zu beschreiben, dieses erleichternde Gefühl, daß es da einen Menschen gibt, der alles so wie ich erlebt hat. Endlich gibt es jemanden, der mich versteht und bereit ist, uns zu helfen!

Die Zeit im Krankenhaus ist für mich eine sinnvolle Phase der Besinnung und des Abstandes vom Alltag. Dennoch möchte ich am liebsten stündlich im Mutter-Kind-Heim anrufen und fragen, wie es Dir jetzt geht, liebe Karin.

Nach meiner Genesung fahren wir jeden Sonntag die 40 km lange Strecke, um Dich zu besuchen. Aber nur ich darf zu Dir, um Dir die Flasche zu geben; und das war's dann jeweils. Ich stelle fest, daß Dir das Trinken erhebliche Probleme bereitet, und Du siehst so schwach, blaß und verlassen aus! Deine Haut fühlt sich sehr verschwitzt an.

Als examinierte Kinderkrankenschwester traue ich mir zu, Deine Pflege selbst zu übernehmen, und mein Wunsch, Dich nach Hause zu holen, wächst jeden Tag. Deine Geschwister, die während meiner Besuche bei Dir derweil unten im Spielzimmer des Heimes spielen, bekommen Dich überhaupt nicht zu sehen. Das ist für uns alle eine unbefriedigende Situation; zumal sich auf diese Weise gar keine menschliche Beziehung zwischen Dir und Deinen Geschwistern entwickeln kann.

Nach zwei Monaten holen wir Dich endlich zu uns in die Familie. Wir haben uns alle innerlich gut darauf eingestellt und sind uns einig: Du gehörst zu uns! Über Dein Bettchen hänge ich mein wichtigstes Anliegen in Form eines Spruchs:

> *Das wünsche ich sehr,*
> *daß immer einer bei Dir wär',*
> *der lacht und spricht:*
> *Fürchte Dich nicht!*

Aber was ist mit Deinen Geschwistern? Wie verkraften sie, daß plötzlich zwei kleine Mädchen im Mittelpunkt der Familie stehen? Erik, der Dreijährige, näßt wieder ein. Er versucht, Aufmerksamkeit zurückzugewinnen. Er nimmt sich eine Schere und schneidet in alles, was ihm in die Finger kommt, schöne runde Löcher. Christoph versucht, mit Phantasielügen seine Zuwendung zu erreichen. Es ist schon schwer, allen gerecht zu werden!

Dein ältester Bruder, der fünfjährige Ulrich, der im Vergleich zu seinen Freunden erlebt, daß er auf vieles verzichten muß, hat zu unserer Verblüffung beim Mittagessen gefragt: »Warum mußtet ihr denn fünf Kinder haben? Zwei oder drei hätten doch auch gereicht!«

Da hat ihm der Papa geantwortet: »Du hast recht! Wir hätten das erste oder zweite weglassen und uns ein schönes Leben machen sollen!«

Das hat nun wiederum Ulrich so verblüfft, daß er am nächsten Tag ein schönes Bild gemalt hat und es Euch Geschwistern mit den Worten übergab: »Das schenke ich euch, weil ich mich freue, daß ich so viele Geschwister habe!«

Zwischen Angst und Hoffnung

Ich liebe meine Kinder und möchte trotz der Belastungen auf keines von Euch verzichten. Der Berg an Sorgen wird langsam kleiner, je mehr wir lernen, einfach jeden Tag auf uns zukommen zu lassen. Nun haben wir viel Leben in unserem engen Altbau und fünf Kinder in einem Kinderzimmer. Immerhin ist abzusehen, wann wir in das neue Haus einziehen werden. Freiwillig liegt fortan Christoph zwischen Mama und Papa in der Ehebettenritze. Ulrich und Erik schlafen in den Stockbetten und Ihr Zwillinge am Kopf- bzw. später, als Anne mehr Platz benötigt, am Kopf- und Fußende des Paidibettchens, alle im gleichen Kinderzimmer.

Da liegst Du nun, Du kleines Wesen, neben Deiner Zwillingsschwester, und spielerisch greift Anne bald nach Deinen kleinen Händen. Sie bestaunt Deine winzigen Finger, die sich lustig bewegen. Ständig ist einer der Jungen um Euch zwei herum. »Was wird wohl aus Euch allen werden?« denke ich oft; und vertrauensvoll hoffe ich, daß sich Geschwister auch ein wenig gegenseitig erziehen. »Ich werde die täglichen Anforderungen schaffen!« mache ich mir Mut. Trotzdem sind wir in großer Sorge wegen Deiner geringen Lebenschancen.

Immer wieder schaue ich besorgt nach Dir, immer bin ich in greifbarer Nähe. Und wie habe ich mich gefreut, als ich heute nach langen Wochen zwischen Angst und Hoffnung bemerkte, daß Du meinen Bewegungen mit Deinen Augen gefolgt bist! Meine Zuversicht und mein Mut verdrängen nach und nach die bangen Gefühle der Hilflosigkeit. Es lohnt sich, an Dich zu glauben!

Heute ist ein stürmischer Herbsttag. Ihr Zwillinge seid jetzt bereits drei Monate alt. Ich beuge mich über Dein Bettchen und beobachte Dich beim Aufwachen. Plötzlich bemerke ich, wie Deine Augen zum Fenster schauen. Sie folgen den Ästen der Bäume, die sich im Wind wiegen. Ich bin wieder einmal so glücklich über solch eine Reaktion von Dir, nehme Dich auf den Arm und tanze mit Dir durchs Kinderzimmer. Am liebsten möchte ich Dich den ganzen Tag mit mir herumtragen. So oft wie möglich halte ich Dich ganz nahe an meinem Körper. Und wenn es das Wetter erlaubt und ich wie heute Deinem Papa die »neuesten Nachrichten« von Dir überbringen möchte, wenn er von der Arbeit heimkommt, gehe ich ihm entgegen und trage Dich dabei auf dem Arm.

Es geschieht viel zu selten, daß ich mit meiner ganzen Kinderschar spazierengehe. Heute möchte ich eine Bekannte besuchen, die selbst zwei Kinder im Alter meiner Söhne hat. Auf dem Weg dorthin bieten wir den Passanten ein recht seltsames Bild, und natürlich ziehen wir die Blicke der Leute auf uns. Da liegt Ihr beide im breiten Zwillingswagen. Am Fußende desselben thront auf einer Sitzschale der dreijährige Erik. Rechts und links halten sich Christoph und Ulrich an den Seiten des Wagens fest. Und los geht's!

Ich bemerke sehr schnell, daß ich mit Dir, mein Liebling, die uns begegnenden Bekannten verunsichere. Nicht selten sehe ich, wie diese, wenn sie uns erblicken, schnell die Straßenseite wechseln. Sie wollen nicht in die verzwickte Lage kommen, Dich anschauen und reagieren zu müssen. Sich in dieser Situation ganz natürlich zu verhalten fällt den meisten Menschen sehr schwer, und die Angst, sich falsch zu verhalten, führt dann tatsächlich zu Befangenheit und unpassenden Reaktionen. Das ist wohl auch der Grund, weshalb sich kaum noch jemand aus unserer Verwandtschaft traut, uns zu besuchen.

Nun haben wir unsere Bekannte erreicht. Hier können die »größeren« Kinder miteinander spielen, während wir Erwachsenen Neuigkeiten austauschen. So kommen alle zu ihrem

Recht. Gemeinsam schauen wir uns die »Sesamstraße« an, die Euch Kinder total fasziniert. Aber so richtig spannend wird es erst dann, wenn die Sendung vorbei ist. Dann verzaubern sich die Kinder plötzlich in Erni und Bert, in Kermit, den Frosch, oder auch in das Krümelmonster, und Du, mein Schatz, schaust dem bunten Treiben interessiert zu. Auch mir macht es großen Spaß, Euch Kinder bei der Umsetzung Eurer Ideen zu erleben, und ich freue mich sehr, daß Ihr alle auf der Welt seid!

Manchmal radelt Deine Oma aus dem Nachbarort zu uns. Sie schaut mir dann beim Wickeln zu. Dabei kommt sie gar nicht aus dem Staunen heraus, wenn sie Dich, kleines Mäuschen, mit Deinem winzigen Po und den äußerst dünnen Beinchen betrachtet. Blaß und bläulich gefärbt ist Dein Gesicht, und schweißnaß ist Deine Haut. Das Trinken ist eine enorme Herzbelastung, und uns plagt die Angst um Dein Leben. Auf jede Regung Deines Körpers achte ich besorgt.

Deine Zwillingsschwester ist inzwischen sehr munter und lebhaft geworden. Ich muß sie ans Fußende Eures Bettchens legen; denn die Bedenken, daß sie sich auf Dich legen könnte, sind zu groß. Schon in den ersten Monaten hat Deine gesunde Schwester Dich in ihrer Entwicklung weit überholt.

Aber winzige Fortschritte machst auch Du, und unsere Freude darüber ist unbeschreiblich. Doch alles, was Anne ganz von allein lernt, müssen wir Dir erst mühevoll beibringen. Immer wieder geben Dir Deine Brüder Deine Rassel, die Dir ständig aus der Hand fällt, zurück und hoffen, daß Du sie diesmal festhalten wirst. Alles Erdenkliche probieren sie aus, um Dich anzuregen.

Behutsam vermitteln wir Deinen kleinen Geschwistern, daß wir stets mit Deinem Tod rechnen müssen, daß wir Dich deshalb besonders beschützen wollen und daß sie sehr vorsichtig mit Dir umgehen müssen.

Endlich hältst Du kleine Spielsachen fest in der Hand, und Du reagierst auf Lärm. »Gott sei Dank, sie kann hören!« freue ich mich. Du hast nämlich damit die Bedenken des Kinderarztes zerstreut, Dein Hörvermögen könnte geschädigt sein.

Wöchentlich gehe ich mit Dir zur Gymnastik. Dein Körper ist schlaff, als wäre er aus Gummi. Die Geschwister staunen über Deine elastischen Finger, die sie Dir überstrecken und weit zurückbeugen können, ohne daß Du Schmerz dabei empfindest.

Sie wundern sich auch über die lustigen Bewegungen Deiner Beine, die Du seitlich »ablegen« kannst, als gehörten sie nicht zu Dir. Und dabei strahlst Du über das ganze Gesicht.

Die Krankengymnastin zeigt mir bestimmte Handgriffe, mit denen ich Dir dabei behilflich sein kann, eine gewisse Stabilität der Muskeln und Knochen zu erreichen. Fortan streiche ich Dir täglich in einer gezielten Übung einige Male mit zwei Fingern seitlich der gesamten Wirbelsäule entlang und stelle mit Freude fest, daß Du darauf reagierst: Du streckst unwillkürlich den in sich gebeugten Rücken in eine aufrechte Haltung.

Dein Wohlbefinden ist aber sehr wechselhaft. Die Mahlzeiten – sowohl die Eß- als auch die Trinkversuche – sind weiterhin eine große Belastung. Kein Fläschchen leerst Du, ohne Dich naß zu schwitzen. Keinen Brei verzehrst Du, ohne daß Du jeden Löffel fünfmal wieder ausspuckst. Aber ich gebe nicht auf! Du bist so zart, Du wirst es lernen müssen! Daß es viel Zeit in Anspruch nimmt, Dich zu füttern, ist vorerst nicht zu ändern. Wir haben festgestellt, daß Du auf Musik positiv reagierst, und so wähle ich sie für uns beide zur Eßbegleitung. Erschöpft sind wir dann beide jedesmal, und ich lege Dich zur Ruhe. Ängstlich überwache ich Dich und schaue immer wieder, ob Du noch lebst, mein Engel. Wie Du so daliegst, nach all den Anstrengungen des Essens, kommt mir der Satz Deines Arztes in den Sinn: »Sie können sie jederzeit tot finden.«

Was Deine Geschwister angeht, so plagt mich oft die Sorge, wie ich ihnen allen gerecht werden kann – richtet sich doch meine Zuwendung vor allem an Dich, mein behinderter Liebling. So kommt es vor, daß ich mit Dir auf dem Arm Entspannung vorm Fernseher suche, während Deine Geschwister um mich herumkrabbeln. Sie kriechen mir zwischen den Beinen hindurch, massieren mir Brust und Rücken oder lehnen sich einfach nur an mich – alles Versuche, ein Stück Mutterliebe für sich zu erhaschen. Du bist inzwischen der Mittelpunkt unserer Familie. Aber immerhin kann ich allmählich doch die übertriebenen Ängste um Dein Leben ein wenig ablegen, in der Erkenntnis: Ich sorge mich ständig um die eine Tochter. Was aber ist, wenn eines meiner anderen Kinder morgen vor ein Auto läuft?

Fast wöchentlich gehe ich mit Dir zum Kinderarzt. Aber immer wieder verlasse ich seine Praxis enttäuscht und frustriert. Um eine gelassenere Einstellung zu erreichen, habe ich heute Deinen Kinderarzt gewechselt! Ich bin es leid, bei jedem Besuch hören zu müssen: »Sie wissen ja, Sie können sie mal tot finden!« Das baut mich nicht auf! Und Tips, wie Du kauen, sprechen oder sitzen lernen kannst, gibt er mir auch nicht. Jetzt benötige ich einen Arzt, der *mir hilft!*

Manchmal lege ich sacht mein Ohr auf Deine Brust, um Deinem fehlerhaften Herzklopfen zu lauschen. Dein Herz schlägt unregelmäßig und so schnell und heftig, als wollte es Deinen kleinen Brustraum sprengen.

Einmal jährlich stellen wir Dich dem Herzprofessor vor. »Mit Beginn des zweiten Lebensjahres möchten wir Karin gern einen Herzkatheter legen, um mit Hilfe eines Kontrastmittels am Röntgenbild festzustellen, ob ihr Herzfehler operabel ist«, erläutert der Professor.

Zur Stabilisierung des Herzens bekommst Du nun Digitalis-Tropfen. Wir bangen der Zeit des Herzkatheters entgegen, denn auch dieser Eingriff birgt ein Risiko, und die Gefahr einer Embolie sei möglich, haben wir erfahren. Dennoch entschließen wir uns zu diesem Eingriff, um alle Chancen einer Therapie zu nutzen. Deine Zwillingsschwester, die inzwischen immer wieder gründlich untersucht wurde, hat Gott sei Dank ein gesundes Herz.

Während unsere Kinder heranwachsen, sind an unserem Neubau keine rechten Fortschritte zu erkennen. Nun muß zum Ärger der Baukollegen unser Haus wegen der Zwillinge auch noch vollständig ausgebaut werden. Außerdem fordere ich einen Telefonanschluß – zu unserer Sicherheit. Ich bin sicher, daß wir noch oft in Not kommen und dringend ärztliche Hilfe für Dich, mein Kind, benötigen werden. Für die Kollegen bedeutet das Mehrarbeit, und dies paßt ihnen überhaupt nicht. Ohnehin haben sie vermutlich schon oft das Gefühl gehabt, Deinen Papa als körperlich immer schwächer werdenden Kollegen mit »durchziehen« zu müssen. Nun sind zwei Jahre Bauzeit vergangen, aber immerhin ist allmählich doch der Zeitpunkt absehbar, zu dem wir in unser Eigenheim einziehen werden.

Im Rückblick hat die Enge mit Euch kleinen Kindern in unserem Häuschen auch viele Vorteile gehabt. Notgedrungen seid Ihr stets um mich herum. Auch beim abendlichen Geschichtenerzählen, Kasperletheater und beim Abendgebet fühlt Ihr Euch alle gleichermaßen angesprochen. Vom Kasper seid Ihr so hingerissen, daß ich auch Probleme aus Eurem Alltag in die Vorführungen einbauen und Lösungen dafür präsentieren kann. Auch wenn Du, liebe Karin, unsere Gespräche nicht verstehst, tut es Dir gut, daß wir in Deiner Nähe sind.

Außer Deiner Oma besucht uns selten jemand. Gestern war Deine Patentante da. Sie ging schon nach einer Viertelstunde wieder und äußerte Oma gegenüber: »Wie die das aushalten kann! Sitzt da ruhig inmitten ihrer fünf kleinen Kinder und strickt!«

Während die Bauzeit unseres Hauses dem Ende zugeht, steuern auch die Kräfte Deines Papas ihrem Ende zu. Er steht vor seiner Kapitulation, seinem Zusammenbruch, und damit vor der so wichtigen Erkenntnis: »Ja, ich bin Alkoholiker, und ich bin zum Entzug und zur Entwöhnungskur bereit!« Am Vatertag hatte er sein letztes Alkoholerlebnis. Jetzt ist es soweit: Ich bringe ihn zur Entwöhnungskur. Ein halbes Jahr wird sie dauern.

Da stehe ich nun allein mit fünf Kindern und dem fast fertigen Haus und bin doch froh, daß der Papa gut aufgehoben ist. Hoffentlich findet er Hilfe und kommt dauerhaft vom Alkohol los!

Für mich freilich ist keineswegs die Zeit zum Zusammenbruch gekommen. Jetzt muß ich erst recht stark sein! Jetzt muß ich doppelt ran! Nur nicht schlappmachen!

Der Bau ist fast fertig, und ich will mit Euch Kindern endlich einziehen. Ich wende mich an Verwandte und Bekannte, und sie sind bereit, mir zu helfen. Der Keller hat noch keinen Estrich, den Badezimmern fehlen die Fliesen.

Während nun Deine Brüder im Neubau und in der Umgebung spielen, liegst Du, mein Sorgenkind, im Laufstall stets in meiner Nähe, und Deine Zwillingsschwester krabbelt mir um die Füße.

Während ich Fensterbänke und Wände verputze und Zimmer tapeziere, koche ich zwischendurch das Essen für meine Familie und meine Helfer. Es ist eine harte Zeit, aber die Hoffnung treibt mich voran. Die Baukollegen freilich gönnen mir mein Vorhaben nicht und nehmen mir den Strom weg, während ich noch des Abends tapeziere. Einer droht mir: »Du ziehst keinen Tag eher ein als wir!« Die Nachbarn sind neidisch auf die Hilfe, die mir zuteil wird. Doch ich bin trotz aller Schwierigkeiten überzeugt: Ich werde es schaffen!

Neuanfang

Heute ist Sonntag, und da kümmere ich mich nicht um den Neubau. Wir feiern Euren ersten Geburtstag und möchten ihn mit der ganzen Familie begehen. So packe ich Euch fünf Kinder in unseren VW, wobei ich Dich, mein Kleines, in die Tragetasche hinten auf die Ablage lege. Deine Zwillingsschwester, die gerade das Laufen gelernt hat, wird von ihren Brüdern schützend begleitet. Und auf geht's zu Papa, den wir bei seiner Kur besuchen! Von den mitgebrachten Weintrauben und anderen Suchtersatzmitteln dürfen auch Deine Geschwister profitieren, und das allein ist schon ein feierliches Ereignis.

Endlich ist der Tag X gekommen – der Tag unseres Auszugs aus dem vertrauten Altbau. Das ist auch mit Wehmut verbunden. Doch heute ziehen wir um und lassen die gewohnte Umgebung hinter uns! Unser neues Heim wird größer und schöner sein. Lange haben wir voller Sehnsucht auf unseren Einzug gewartet.

Während Dein Papa bei seiner Kur ausharren muß, helfen mir seine Arbeitskollegen beim Umzug. Es ist der 15. August, ein heißer, schwüler Sommertag. Zeitig stehen die kräftigen Männer mit Lastwagen und Hänger bereit, unsere Möbel umzuladen. Ehe ich mich's versehe, steht alles in der neuen Wohnung an Ort und Stelle – genauso, wie es meinen Vorstellungen entspricht.

Noch muß ich einige Tage auf den Stromanschluß warten, aber Gott sei Dank sind wir endlich drin! Ein langjähriger Traum hat sich erfüllt. Ihr Kinder habt nun einen wesentlich größeren Raum, und alles ist wunderbar neu.

Da wir noch kein Licht haben, gehen wir alle früh ins Bett. Aber zum Schlafen kommen wir trotz der vorangegangenen

Anstrengungen in dieser Nacht nicht. Zu vieles geht mir im Kopf herum – der ganze Streß der vergangenen Wochen und Jahre! Und doch erfüllen mich Freude und Erleichterung nach all der Anspannung!

Ich lausche den Geräuschen der neuen Umgebung. War da nicht was? Ich stehe auf und schaue mit einer brennenden Kerze in der Hand nach Deinen Brüdern, die oben schlafen. Und da stehen die drei im Kreis um die Toilette herum, strullen gemeinsam in das neue WC und fragen einander: »Kannst du auch nicht schlafen?«

Dem Verzicht auf Strom während dieser ersten Tage im neuen Haus sowie meiner frühabendlichen Erschöpfung und Müdigkeit verdanke ich, Dich, meinen behinderten Liebling, in einer Nacht vor vorzeitigem Tod bewahrt zu haben. Ich bin gleichzeitig mit den Kindern früh zu Bett gegangen und habe bereits den ersten Schlaf hinter mir, da höre ich aus dem Nachbarzimmer ein wimmerndes Geräusch ...

Mit brennender Kerze schaue ich nach Dir und bin geschockt: Naßgeschwitzt liegst Du tief unter der Bettdecke. Ich messe Deine Temperatur und sehe, wie sie auf 41 °C ansteigt. Aber ich weiß Dir durch ein Medikament und andere Mittel zu helfen, das ist mein Vorteil als Krankenschwester. Ich bin erleichtert, Dich im letzten Augenblick gerettet zu haben!

Habe ich nicht schon einmal ähnliches Glück gehabt? Als »Krabbler« stand Ulrich einmal im Laufstall. Ich glaubte ihn sicher und hatte vor, ihn während eines kurzen Einkaufs allein zu lassen. »Nur kurz noch die Betten machen!« dachte ich und wollte mich gleich auf den Weg machen.

Doch mein sechster Sinn sagte mir: »Schau noch mal rein zu ihm!« Und da hing er! Die Knöpfe seines Pullovers am Nackenverschluß hatten sich im Nylonmaschennetz des Laufgitters verfangen. Ulrich befand sich kurz vor der Strangulation!

Auch damals hatte ich dieses unbeschreibliche Glücksgefühl der Dankbarkeit, daß ich wieder einmal rechtzeitig zur Stelle war. All dies geht mir jetzt durch den Kopf. Ich freue mich, daß Du, mein Engel, bereits über ein Jahr alt bist. Mehr als ein ganzes Jahr haben wir also schon geschafft!

Einige Monate sind seit dem Kurantritt Deines Papas nun vergangen, und er hat mittlerweile verstanden, worum es bei seiner Kur geht. Am kommenden Wochenende darf er nun die Klinik verlassen, um zu erproben, wie er in seiner gewohnten Umgebung zurechtkommt. Wir alle freuen uns sehr auf ihn.

So kommt Dein Papa in sein weitgehend eigenhändig gebautes Haus. Doch was er dort sieht, scheint nicht sein Werk zu sein:

Bei all den Ausbauarbeiten, die das endgültige Gesicht des Hauses vor allem ausmachen, wurde er nicht gefragt. Vieles entspricht auch nicht seinem Geschmack. Das ist für ihn nicht leicht zu verkraften.

Aber jetzt muß er sich auch in Belastungssituationen bewähren. In einigen Wochen wird er wieder bei uns sein. Dann wird sich zeigen, ob er durchhalten kann. Angst haben wir beide vor dieser Situation – er wie auch ich!

Es dauert seine Zeit, bevor er lernt, den Gedanken »Ich *darf* nicht mehr trinken!« durch die Vorstellung »Ich *will* nicht mehr trinken!« zu ersetzen und in der Einstellung »Ich *brauche* nun nicht mehr zu trinken!« eine zufriedene Abstinenz zu gewinnen.

Aber auch ich muß lernen, ihm zu vertrauen, sein Selbstwertgefühl zu stärken und nicht mehr alles ohne ihn zu entscheiden. Das ist nicht leicht für mich; denn bisher fragte er mich bei jeder Gelegenheit und nahm meine Hilfe in Anspruch. Von dem guten Gefühl, gebraucht zu werden, habe ich gelebt.

Dein Papa ist nun von seiner Kur zurückgekehrt. Endlich sind wir wieder eine vollständige Familie – unter neuen Voraussetzungen und in neuen Räumen. »Der Alkohol wird hier nicht einziehen!« ist unser Vorsatz.

Das »verflixte siebente Jahr« unserer Ehe liegt hinter uns. Was werden die nächsten Jahre bringen? Wie wird es Deinem Papa ergehen, und was wird aus Dir, unserem behinderten Liebling, werden? Kommen Deine Geschwister nicht zu kurz? Zur Zeit fühlen sie sich in den neuen Zimmern recht wohl. Sie genießen die Spielmöglichkeiten am Haus und auf dem nahegelegenen Spielplatz. An der Südseite des Hauses bringen wir über der Terrasse eine lange Markise an, um Dich vor übermäßiger Sonne zu schützen.

Dein Papa tut sich schwer, zu Dir eine Beziehung aufzubauen. Ihn plagt die Befürchtung, Dich frühzeitig zu verlieren und damit nicht fertig zu werden und vielleicht deshalb einen Rückfall zu erleiden. Aber wenn er von der Arbeit heimkommt und mich begrüßt hat, wendet er sich Dir immer öfter und intensiver zu.

Doch heute hat er Dich mächtig erschreckt. Heute trug er eine Krawatte, und während er sich über Dein Bett beugte, um Dich zu begrüßen, fiel die Krawatte auf Dich zu und baumelte über Dir. Entsetzen stand in Deinem Gesicht. Unsere Befürchtung, Dein Herz könnte bei solch einem Schock stehenbleiben, ist groß.

Wir trösten Dich, nehmen Dich auf den Arm, und möglichst unauffällig horche ich mit dem Ohr Dein Herz ab. Mir scheint, es schlägt doppelt so schnell wie sonst. Du willst nicht, daß ich Deinem Herzen zu nahe komme und drückst mich energisch zurück. Aber meine Angst um Dich ist zu groß, als daß ich gelassen mit ihr umgehen könnte.

Wir haben es uns angewöhnt, Deine wie auch unsere Zimmertür nachts offenstehen zu lassen. Immer bleibt Dir sogar nachts mein Ohr zugewandt. In der Nacht nach diesem Erlebnis nun höre ich Dich schreien. Ich gehe zu Dir und merke, daß Du sehr ängstlich bist und immer noch unter dem Schock eines bösen Alptraums stehst. Ich nehme Dich aus dem Bettchen und laufe mit Dir auf dem Arm ein wenig umher, um Dich zu beruhigen. Schade, daß Du Dich nicht sprachlich mitteilen kannst! Wir werden wohl lernen müssen, einander auch ohne Worte zu verstehen; doch noch hoffe ich, daß Du eines Tages sprechen wirst.

Immerhin hat sich Dein Befinden insgesamt gesehen allmählich stabilisiert. Dein Schwitzen hat nachgelassen, und Du nimmst interessiert an Deiner Umwelt teil. Du wiederholst stereotyp, aber spielerisch Deine Bewegungen und erfreust Dich daran, besonders, wenn Du dabei gleichzeitig Lärm erzeugen kannst. Langsam bekommst Du ein gesünderes Aussehen. Dein Lächeln ist fröhlicher. Wir können daraus schließen, daß Du trotz Deiner Behinderung und Deiner Herzschwäche glücklich und zufrieden mit Dir und Deiner Umgebung bist.

Das nutzen Deine Geschwister, um Dir spielerisch nahezukommen. Mit allen möglichen Aktivitäten und Gegenständen versuchen sie, Deine Aufmerksamkeit zu erregen. Aus einem aufgeblasenen Luftballon läßt Christoph die Luft pfeifend und piepsend heraus und umspielt damit Deinen Kopf. Mit einem Hüpfball versucht Ulrich Deine Blicke zu erreichen. Erik hält Dir den Kassettenrecorder mit Musik ans Ohr, und Anne bringt Deine Hände und Beine mit den verschiedensten Materialien in Berührung, um Deine Reaktionen zu testen. Und dann wieder verstecken Deine Geschwister ein Spielzeug in Deinem Ärmel und warten, ob Du es schaffst, es herauszuholen. Für so manches Experiment bist Du noch zu jung, aber man kann es ja mal versuchen ...

Doch immer noch bist Du außergewöhnlich klein und zierlich. So kommt es, daß Dir viele Bekannte zwar ansehen, daß Du behindert bist, aber den Morbus Down nicht erkennen; denn mongoloide Kinder haben meistens ein rundliches Gesicht.

Deine Zwillingsschwester Anne wirbelt anmutig durch die ganze Wohnung und wird von ihren Brüdern heiß geliebt. Sie ist Bindeglied geworden zwischen Dir und den Brüdern. Immer ist sie schützend und sorgend in Deiner Nähe, während Du Dich darin übst, im Vorwärts- und Rückwärtsgang durchs Wohnzimmer zu robben. Deine Geschwister verstehen nicht so recht, daß Du nicht wie Deine gesunde Schwester laufen kannst. Du bist doch sonst so elastisch, streckst Deine Beinchen in die Höhe und umschließt damit Deinen Kopf. Du rollst und tollst über den Boden, daß es alle erfreut. Je mehr aber Anne bewußt wird, daß Ihr Zwillinge seid, desto weniger versteht sie, daß Du ihr nicht gleich bist im Spielen, Laufen, Essen und Sprechen. Sie merkt: Ich habe eine Schwester, doch wenn ich sie brauche, dann fehlt sie mir. So muß sie sich allein gegen ihre Brüder zur Wehr setzen.

Langsam bringst Du die ersten Laute hervor. Das macht uns Hoffnung. Lange haben wir darauf gewartet. »Mama, Karin hat ›degge, degge‹ gesagt!« springen heute erfreut Deine Geschwister auf mich zu, und die ganze Familie hat ihren Riesenspaß an Deinen komischen Lauten.

Nun wirst Du schon zwei Jahre. Dich mit Deiner Schwester zu vergleichen, das habe ich längst aufgegeben. Manchmal sagt die Oma: »Könnten denn nicht beide so sein wie die Anne?« Dieser Gedanke macht mich traurig; und ich denke dann schnell: »Beide könnten ja auch behindert sein!« Damit baue ich mich wieder auf und danke Deinem Schöpfer. Ich bin überzeugt, daß alles im Leben einen Sinn hat, auch Dein Leben, mein kleiner Engel.

Deine Zwillingsschwester ist nun schon in der Lage, ab und zu ein wenig auf Dich aufzupassen, z. B., wenn ich Euch zum Einkaufen mit in die Stadt nehme. Anne umsorgt Dich mütterlich und schwesterlich zugleich. Sie ist richtig hübsch geworden, ihre blonden Haare umspielen ihr mädchenhaftes Gesicht.

Deine ebenfalls blonden Haare habe ich sorgsam kurz geschnitten. Sie sollen nicht verfilzen und verkleben, wenn Du schwitzt. So wirkst Du eher jungenhaft, und die Verkäuferin an der Fleischtheke fragt uns: »Darf der Kleine auch eine Scheibe Wurst haben?« Das wiederum hört Anne gar nicht gern. Sie bittet mich in der Folgezeit öfter, Deine Haare länger zu lassen.

Zwischen Fordern und Fördern

Der Zeitpunkt Deiner Herzkatheteruntersuchung ist gekommen. Wir müssen Dich für drei Tage in die Uniklinik bringen. Das schmerzt uns. Wir spüren jetzt, da wir Dich dort zurücklassen müssen, besonders deutlich, wie eng die Bindung zwischen Dir und uns geworden ist.

Tage des Bangens vergehen in Deiner Abwesenheit. Wirst Du alles gut überstehen? Hatte uns nicht der Professor erklärt: »Auch der Herzkatheter ist schon ein Risikofaktor!«?

Doch bei einem Anruf in der Klinik erfahre ich: »Es hat alles geklappt! Bitte holen Sie Ihr Kind morgen wieder nach Hause!«

Froh, Dich lebend wieder heimtragen zu können, und zugleich besorgt, stehen wir im Arztzimmer der Uniklinik und warten auf die Erläuterungen des Professors.

»Das Herz Ihres Kindes ist so groß, daß es fast den gesamten Brustraum einnimmt«, vernehme ich und bemühe mich, stark zu sein. »Ein kombinierter Vorhof- und Kammerscheidewanddefekt mit Fehlbildung der Mitralklappe ist die Diagnose«, erklärt er dann weiter. »Wegen der pulmonalen Hypertension – das bedeutet: der Druck in der rechten Kammer ist zu groß, und es besteht die Wahrscheinlichkeit, daß Ihr Kind eine Operation nicht überstehen wird – rate ich von einem operativen Eingriff ab. Lassen Sie sich auch nicht von anderen einreden, es gebe andere Mittel und Wege. Jeder Versuch, Abhilfe zu schaffen, wäre nur eine zusätzliche Belastung für Ihr Kind!«

Das zu hören ist hart. Ich will nicht resignieren. »Wir werden alles Menschenmögliche für unser Kind tun, damit es gut leben kann«, bestärkt mich auch Dein Papa.

»Sie sind ja Krankenschwester«, ermutigt mich der Professor. »Die Fäden des Herzkatheters in der Leistenbeuge ziehen

Sie bitte in den nächsten Tagen selber«, empfiehlt er mir, »um unnötige Belastungen für alle Beteiligten zu ersparen.«

Traurig kehren wir heim; und auch Deine Geschwister sind betroffen, daß wir uns eines Tages viel zu früh von Dir verabschieden müssen. Du selbst aber nimmst uns diese Ängste! Du forderst uns! Du willst leben! So ist es auch für uns vorrangige Pflicht, Dich wiederum zu fordern und zu fördern, ohne Dich unnötig zu belasten.

Im Laufe unseres alltäglichen Umgangs mit Dir verliert sich die Angst vor Deinem Tod. Wir alle wollen leben! So nehmen wir jeden Tag, den Gott Dir schenkt, dankbar an, ohne ständig angstvoll in die Zukunft zu schauen.

Heute hast Du mir eine Riesenfreude gemacht. Nach Deiner Morgentoilette trage ich Dich auf dem Arm und bitte Dich: »Karin, mach mal ›ei‹!« Und tatsächlich: Deine Patschhändchen streicheln einer überglücklichen Mama zärtlich die Wangen! (Wir freuen uns immer riesig, wenn Du auf etwas reagiert hast. Allzuselten ist dies der Fall.) Ich kann es noch gar nicht fassen und wiederhole nach einer Weile die Bitte: »Karin, mach noch einmal ›ei‹!« Zögernd gehen Deine Hände in Richtung Wange. Aber − als hätte eine innere Stimme es Dir plötzlich verboten − nimmst Du Deine Hände auf halbem Wege wieder zurück. Und nie, nie wieder kann ich Dich dazu bewegen, »ei« zu machen. Was mag da bloß in Deinem Inneren vorgehen?

Es ist uns längst klar, daß Du trotz Deiner Behinderung viel mehr mitbekommst, als Du wieder von Dir geben kannst. Beim Erlernen von ein paar einzelnen Wörtern machen wir ähnliche Erfahrungen. Unzählige Male hast Du das Wort »Mama« vernommen und verinnerlicht. Du weißt die Bedeutung und kennst die Person, ebenso wie die Namen Deiner Geschwister. Aber ganz selten kommt das Wort »Mama« über Deine Lippen, und noch viel seltener »Papa«, und die Namen

42

Deiner Geschwister sprichst Du gar nicht aus. Und nie siehst Du uns an, wenn Du »Mama« oder »Papa« sagst. Du plapperst das Wort vor Dich hin, allerdings schon in Beziehung zum soeben Geschehenen. Mir kommt dabei zwar der Gedanke, daß Du viele autistische Züge aufweist, aber das verdränge ich. Außerdem habe ich trotz meiner umfangreichen Erfahrungen mit behinderten Kindern noch nie ein Kind mit der Trisomie 21 gesehen, das gleichzeitig Autist war. Und dann wäre da noch eine Frage: Was könnten wir schon tun?

Ständig entwickelst Du neue Verhaltensstörungen. Zum Beispiel scheuerst Du Dein Kinn auf harten Gegenständen, bis es Schwielen aufweist. Wenn ich dann versuche, Dir solche Handlungsweisen abzugewöhnen, und Dich z. B. bitte, das Kinn hochzunehmen, dann maulst Du beleidigt vor Dich hin. Bei solchen Gelegenheiten kann Dir das Wort »Mama« entweichen.

Du liebst es, Dich auf dem Boden fortzubewegen, und suchst ständig nach Gegenständen, an denen Du Dein Kinn scheuern kannst, bis es wund ist. Dein Kinn scheint völlig unempfindlich zu sein, denke ich, wenn Du bei mir oder auch bei anderen damit auf Knien, Kopf oder anderen harten Körperteilen kräftig aufschlägst.

Ich versuche, Dich abzulenken, und schon hast Du Dir ein neues Ziel gesucht. Es scheint, als würdest Du von einem inneren Zwang getrieben. Nun schleifst Du Deine kleinen »Mausezähnchen« an unseren Eichenmöbeln entlang. Deine Zähne sind schon tüchtig abgeschliffen. Gelingt es mir, Dich auch davon abzubringen, drehst Du Dich um und scheuerst Deinen anscheinend genauso unempfindlichen Hinterkopf an der Wand. Das setzt Du abends in Deinem Bettchen fort, so daß Du inzwischen eine kreisrunde schwielige Tonsur an Deinem Hinterkopf aufweist. Ich befürchte, daß dort nie wieder ein Haar wachsen wird.

Manchmal wundere ich mich, wie selbstverständlich Du Deine Intimität wahrst. Du bist richtig unglücklich, wenn das Gummiband Deiner Schlafanzughose ausgeleiert ist, sie herunterrutscht und der Poansatz sichtbar wird. Wenn Du polternd über den Teppich durch das Wohnzimmer robbst, spielen Dir Deine Brüder manchmal einen Streich. Sie stecken Dir ein Spielzeug ins Ober- oder Unterteil Deines Pyjamas oder ziehen Dir die Hose leicht herunter. Aber blitzschnell hast Du sie wieder hochgezogen!

Damit Du nicht immer nur auf dem Boden robbst, versuchen wir, Dich – ringsum gestützt von Kissen – aufrecht in den »Hopser« zu stellen und Dich damit in den Türrahmen zu hängen. Das macht Dir großen Spaß, weil Du durch den Gummizug nach allen Seiten aktive Bewegungen zum Boden auslösen kannst. Außerdem kannst Du nun meine Küchenarbeit aus einer neuen Perspektive beobachten.

Dein Bruder Ulrich geht bereits in die Schule, und Christoph besucht den Kindergarten. So ist es zumindest vormittags ruhiger um uns herum, ohne daß Du auf Deine Zwillingsschwester zu verzichten brauchst.

Anne und ich versuchen nun, Dich an Steckspielen und Gesellschaftsspielen zu beteiligen. Aber wir merken bald, daß Du nur die Spiele mitmachst, bei denen nicht von Dir verlangt wird, etwas Bestimmtes tun zu müssen.

Den Kreisel mit seinen Brumm- und Summgeräuschen nach Herzenslust zu drehen und ihn mit aufgelegtem Kinn zum Stillstand zu bringen, wie und wann *Du* willst, das macht Dir Spaß! Auch beim einfachen Steckspiel weißt Du genau, was wohin gehört. Du willst Dich aber nicht damit beschäftigen. Erst wenn ich mit Deinem Lieblingsjoghurt winke, steckst Du ganz schnell – und sogar mit beiden Händen – die Hölzchen an die richtigen Stellen. Danach schiebst Du das Spiel blitzschnell weit weg von Dir.

Nun versuchen wir es mit gemeinsamen Ballspielen. Wir drei – Du, Anne und ich – setzen uns breitbeinig auf den Boden und rollen uns so den Ball zu. Anne und ich zeigen Dir, wie der Ball zwischen uns hin- und herrollen kann. Wir fordern Dich auf mitzuspielen. Hin und wieder stößt Du ihn vorsichtig ab, aber dann willst Du nicht mehr!

Wenn wir dennoch weiterhin versuchen, Dich zum Mitspielen zu bewegen, reagierst Du so trotzig, daß wir auch ohne Sprache erfahren, daß Du dazu nicht bereit bist oder jetzt keine Lust mehr hast: Kurzerhand nimmst Du den Ball und läßt ihn über Deine Schulter nach hinten aus dem Spielbereich rollen. Ganz deutlich machst Du uns damit, was Du willst, und vor allem, was Du *nicht* willst. Wenn Du schon mitspielen sollst, dann willst Du wenigstens die Freiheit haben, unsere Spiele nach einer Weile beenden oder auch zweckentfremden zu können.

Hier gerate ich immer wieder in ein Spannungsfeld zwischen Fördern, Fordern und Überfordern. Ich weiß: Du spielst am liebsten mit einem Kuscheltier, das Du an einem Arm oder Bein kreisförmig in der Luft herumschleudern kannst. Du benutzt es als Transportmittel in eine Welt, die nur Dir offensteht.

Wenn sich gar zwei gleichartige Stofftiere anbieten, kannst Du Dein oft auf Ordnung und Symmetrie gerichtetes Spiel beidhändig fortsetzen. Da hast Du nun Dein gelbes Pferdchen in der einen Hand, und Anne ist traurig, daß Du auch ihr orangenes Pferdchen, ihr schönstes Weihnachtsgeschenk, mit der anderen Hand herumschleuderst.

Gezielt suchst Du Dir oft zwei gleiche Kuscheltiere, und stereotyp schleudernd steigerst Du Dich in Höchstform. Dabei summst Du abwechselnd zwei Töne im Rhythmus Deiner Bewegungen. Wir wundern uns, wie lange Du dabei den Atem anhalten kannst. Uns ist unbegreiflich, was Du auf diese Weise leistest. Das ermuntert uns, Dich nachzuahmen. Aber

Du magst es nicht, nachgeäfft zu werden. Deshalb nimmst Du unser Tun zum Anlaß, Dich noch mehr zu verbessern. Du übersteigerst Dein Verhalten, als wärst Du in einem Rausch, um uns hinter Dir zurückzulassen; und dabei schaukelst Du vor und zurück. Deine Schaukelbewegungen bringen selbst unsere standfeste Couch ins Wanken. Dieses Schütteln ist dann schließlich nur noch mit einem Sofakissen zu stabilisieren, das Du Dir vor den Bauch legst. Damit demonstrierst Du gleichzeitig ohne Worte: »Nun laßt mich in Ruhe!«

Ich weiß, daß solche Verhaltensweisen Vermeidungsspiele sind, mit denen Du unangenehmen Anforderungen aus dem Weg gehen willst – Spiele, mit denen Du Dich auf pfiffige, raffinierte Art in Deine eigene Welt zurückziehen willst, zu der wir keinen Zugang haben. Alle Annäherungen anderer Menschen schiebst Du energisch von Dir weg. Wenn Du uns aber mit Deinem Verhalten z. B. beim abendlichen Fernsehen allzusehr nervst, schreit manchmal einer von uns zu Dir hinüber: »Karin, sei ruhig!« Dann bist Du sehr traurig und weinst herzzerreißend. »Das sind autistische Züge«, denke ich dann. Aber was können wir tun? Wir möchten Dein Glück und Deine Gesundheit. Habe ich das Recht, Dich aus Deiner Welt, in der Du Dich offensichtlich wohl fühlst, gegen Deinen Willen herauszuholen?

Neue Hilfen – neue Belastungen

Inzwischen haben wir uns kundig gemacht, was uns an Behindertenhilfe vom Sozialamt zusteht. Wir haben Pflegegeld und einen Behindertenausweis beantragt, der Deinen Behinderungsgrad von 100 % bescheinigt. Nach und nach erfahren wir von immer mehr Hilfen, die Dir und uns Eltern zugute kommen. Immer mehr Lichtblicke erhellen unsere sorgenschwere Zeit.

Wir besuchen eine Selbsthilfegruppe betroffener Eltern, um im Austausch mit anderen neue Wege zu gehen. Diese Gruppe löst sich aber leider bald wieder auf.

Nun kommt eine Dame vom Deutschen Roten Kreuz zu uns ins Haus, die mit Dir Frühförderung macht. Auf der Gymnastikrolle trainiert sie mit Dir bestimmte Übungen zur Stärkung Deiner Muskeln, und das macht Dir eine Menge Spaß. Die Rolle wird Dein Lieblingsspielzeug, und Du selbst läßt Dir die tollsten Übungen einfallen – das allerdings auf Deine Art, nämlich im immer gleichen, monotonen Rhythmus. Wir nennen das »Verhaltensstörungen«, aber Du möchtest einfach nur auf Deine Art Erfahrungen machen.

Dabei Deine Zwillingsschwester an den Haaren zu ziehen oder auf ihre Haare zu beißen, daß es nur so zwischen Deinen Zähnen knirscht, das liebst Du! Aber das läßt sich Anne natürlich nicht lange gefallen; und so wechselst Du auf Puppenhaare über.

Auch fällt uns auf, daß Du Geräusche und Erschütterungen gerne über Deine Schädelknochen wahrnimmst. Wenn Du Dein Kinn auf Gegenstände legst, scheinst Du viel mehr am Geschehen um Dich herum teilzunehmen, und jede Bewegung und Erschütterung macht Dir Spaß. Manchmal legst Du Dein Ohr an die Musikbox oder an den Kassettenrecorder Deiner Geschwister. Oft liegt Anne neben Dir, um mit Dir gemeinsam

Musik zu hören. Nun versucht sie, Dir Kopfhörer anzulegen, aber das ist Dir offensichtlich zu laut. So streifst Du sie wieder ab.

Seit Du nun selbständig sitzen kannst, lohnt es sich nicht mehr, Dich abends zum Schlafen hinzulegen. So wichtig es Dir ist, ein Geborgenheitsgefühl durch den warmen Schlafsack zu bekommen, so wichtig ist es Dir auch, abends im Bett sitzen zu bleiben, bis Du vor Müdigkeit umfällst. Es sind wohl die Unruhe in Deinem Brustraum und der schnelle, kräftige Herzschlag, die Dich wie ein Stehaufmännchen hochschnellen lassen, wenn wir dennoch hin und wieder versuchen, Dich hinzulegen.

Dabei achtest Du selber darauf, daß Dein Brust- und Bauchbereich nicht vom Federbett zugedeckt werden, das Dich einzuengen scheint. Wenn wir es wieder einmal zu gut gemeint haben und die Bettdecke zu hoch gezogen haben, schiebst Du sie energisch zurück.

Lange dauert es, bevor Du einschläfst. Oft sitzt Du noch immer aufrecht, wenn Mama und Papa sich kurz vor Mitternacht hinlegen. Dabei summst und brummst Du vor Dich hin, mal so leise, daß es sich anhört, als wäre ein ganzer Bienenschwarm in Deiner Nähe, und mal so laut, daß unsere Nachbarn es als Begleitmusik ihrer Gespräche empfinden, wenn sie an lauen Sommerabenden noch lange auf der Terrasse sitzen und miteinander plaudern.

Bei Deinen stereotypen Schaukelbewegungen scheuerst Du mit Deinem Hinterkopf am Holz des Bettendes. An diesem harten Kopfende des Bettes befestigen wir nun eine Polsterung, die ein Arbeitskollege Deines Papas mit viel Liebe für Dich gefertigt hat.

Daß Du, mein Schatz, nun eigenständig sitzen kannst, bringt Dir selbst viele Vorteile. Endlich bleibst Du auch in der Badewanne sitzen oder richtest Dich selbst wieder auf. Das macht Dir einen Riesenspaß. Wie ein Kreisel bewegst Du Dich im warmen Badewasser, daß es nur so spritzt!

Heute erlebst Du wieder einmal ein so großes Badevergnügen, daß ich Dir etwas mehr Zeit dabei lasse. Aus einiger Entfernung schaue ich ab und zu prüfend zu Dir hinüber. Plötzlich wird Deine Haut ganz bläulich. Ich nehme Dich schnell aus dem Wasser, hülle Dich in ein großes, warmes Badetuch und versuche, Dich auf diese Weise zu wärmen. Meine Knie schlottern vor Angst, Dich überfordert zu haben.

Langsam erholst Du Dich. Gott sei Dank! Wir haben wieder einmal großes Glück gehabt. Noch ahne ich nicht, daß Dein geliebtes Bad Dir einmal Deine letzte Lebenswoche einleiten wird. Wir finden bald heraus, daß Du sehr empfindlich auf Hitze und Kälte reagierst, und versuchen, Dich mit noch größerer Vorsicht davor zu schützen.

Wenn ich mir Deine gesunde Zwillingsschwester so anschaue, ist unverkennbar, daß Du, mein Engelchen, in Deiner Entwicklung ganz erheblich retardiert bist, während Anne sich prächtig entwickelt hat. Und immer wieder höre ich Deine Oma sagen: »Könnten denn nicht beide so sein?« Wenn ich einmal besonders hilflos und depressiv vor Dir stehe, tröste ich mich mit Deinen vier gesunden Geschwistern. Das gibt mir wieder Auftrieb. Trotzdem ertappe ich mich des öfteren bei Neidgefühlen, wenn ich erlebe, wie im Bekanntenkreis gesunde Babys geboren werden, die Dich, Karin, in kürzester Zeit überholen.

In unsere Küche habe ich jetzt einen Hochstuhl gestellt. So sehen wir uns beide in Augenhöhe. Ich wünsche mir mehr Blickkontakt zwischen uns und ebenso zwischen Dir und den anderen Familienmitgliedern. Alle müssen sie nun für jede Verrichtung innerhalb des Hauses an Deinem Hochstuhl vorbei. Traurigkeit überfällt mich, wenn kaum Reaktionen von Dir ausgehen bzw. erwidert werden und dann auch die Bereitschaft Deiner Geschwister schwindet, Dich immer wieder anzuregen. Dennoch profitiert Ihr voneinander.

Doch die Belastungen, die mich als Mutter bedrücken, sind schwer und werden immer größer. Da ist die Schule, die Ulrich und Christoph nun besuchen, und mit ihr kommt die notwendige Betreuung der Hausaufgaben auf mich zu. Da ist der Kindergarten, in den Erik geht. Und mit Dir, mein Kind, bin ich ständig beim Arzt oder bei der Gymnastik. Deine Zwillingsschwester begleitet uns. Sie paßt z. B. auf, daß Du Dich im Auto ruhig verhältst. Sie ist mir schon eine kleine Hilfe.

Urlaub

Dein Papa hat sich seit seiner Rückkehr aus der Entwöhnungskur wieder gut in die Familie integriert, aber schwer fällt ihm der Alkoholverzicht immer noch. Gemeinsam besuchen wir regelmäßig eine Selbsthilfegruppe.

In diesem Jahr werdet Ihr, Karin und Anne, nun schon drei Jahre alt. Wir beabsichtigen, im Sommer dieses Jahres unseren ersten gemeinsamen Familienurlaub zu machen. Dafür mußte ein neuer VW Passat »dran glauben«. Damit wir alle darin Platz finden können, war ein Automechaniker bereit, für Deinen Kindersitz eine Vorrichtung auf der Ladefläche anzubringen. Nun kannst Du nach hinten aus dem Fenster schauen, und wir denken, das ist eine gute und vor allem platzsparende Lösung.

Heute habe ich damit aber eine böse Erfahrung gemacht. Wie ich so im neuen Auto mit Dir durch die Stadt fahre, höre ich Dich plötzlich ganz eigenartig husten. Im Rückspiegel sehe ich, daß Du Dich im Kindersitz umgedreht, Deinen Hals auf die Kopfstütze gelegt hast und nun kurz vor dem Ersticken bist. Dein Gesicht ist ganz blau.

Mitten im dichten Verkehr halte ich spontan an, um Dich zu retten. Am ganzen Körper zitternd, danke ich Gott, daß ich wieder einmal rechtzeitig zur Stelle bin. Das Problem ist, daß Du aufgrund Deiner Behinderung nicht merkst, wann Du Dir schadest, und in einem solchen Fall wie hier den Kopf nicht hochnimmst, um wieder Luft zu bekommen. Natürlich ist dies vorerst die letzte Fahrt mit Dir im Auto ohne »Begleitschutz«.

Wir alle haben es dringend nötig, in einem Urlaub neue Kräfte für Leib und Seele zu gewinnen – einmal so richtig »aufzutanken«! Wir stellen uns vor, daß der Caritasverband eine solche Möglichkeit preisgünstig für kinderreiche Familien anbieten könnte. Wir Eltern möchten in unserem Urlaub auch etwas mehr Zeit für uns selber gewinnen und denken dabei an eine von uns unabhängige Kinderbetreuung.

Doch beim Caritasverband geraten wir offensichtlich an die falsche Person. Von den Kindern Abstand zu gewinnen – und das ausgerechnet von Dir, unserem besonders bedürftigen Kind? Dafür finden wir kein Verständnis!

So wenden wir uns mit unserem Wunsch an das Deutsche Rote Kreuz. Völlig unproblematisch und noch dazu preisgünstig erhalten wir genau nach Maß den Urlaub, den wir uns vorgestellt haben.

Heute schellt es an der Haustür. Eine Dame vom DRK erscheint. Sie regelt bei uns zu Hause alle nötigen Formalitäten. Wir sind glücklich. So beginnt unser Urlaub am 7.7.1977, dem Tag, an dem Christoph sieben Jahre alt wird.

Endlich ist der ersehnte Ferienbeginn da! Viele Vorbereitungen habe ich für mein »Krabbelvolk« treffen müssen. An Schlaf war in der vergangenen Nacht kaum zu denken. Die ganze Familie war viel zu aufgeregt.

Unser neues Auto bietet zwar mehr Platz, aber es ist trotzdem schwer, die große Familie darin unterzubringen. Gerade für Dich, Karin, benötigen wir so unendlich viele und vor allem sperrige Dinge: die Pampers, den Laufwagen, die Behinderten-Sportkarre und vieles mehr. Wir bieten mit Sack und Pack ein Bild wie umherziehende Zigeuner. Sorgfältig ist das meiste auf dem Dachgepäckträger verstaut. Immer wieder schauen wir unterwegs unruhig nach der flatternden Plane, ob sie dem Fahrtwind noch standhält und wir noch nichts auf der Straße verloren haben.

Wie gut, daß unser Urlaubsziel, das etwa 100 km entfernte Wiehengebirge an der Porta Westfalica, bald erreicht ist! Für Euch Kinder ist es dennoch eine weite, aufregende Reise. Spannend wirkt es auch auf die anderen Gäste der Ferienpension, uns beim Aussteigen und Auspacken zu beobachten. Wir werden zur besten Zufriedenheit untergebracht. Sogleich steht uns eine Dame zur Seite, die sich ausschließlich um Dich, Karin, kümmert. Eine weitere Dame nimmt Deine vier Geschwister zur Gemeinschaftsbetreuung mit. Viele Aktivitäten warten auf Euch.

Da stehen nun Eure Eltern ohne Kinder und schauen sich fragend an. Was nun?

Wir schließen uns den anderen Eltern an oder gehen auch mal allein aus. Manchmal braust uns eines unserer Kinder mit einem Kettcar entgegen, oder es kommt mit neuen Spielkameraden an uns vorbei, begrüßt uns kurz freudig mit »Hallo, Mama! Hallo, Papa!«, und jeder geht wieder seiner Wege. Ich sehe, daß auch Du, Karin, gut versorgt bist, und bin beruhigt. Bei Tisch und in der Nacht sind wir dann wieder nah beieinander. Hier kommt Dir auch Dein Laufwagen sehr zugute. Daheim muß ich ihn abpolstern, weil nicht genügend Raum vorhanden ist, Dich damit fortzubewegen. Hier lernst Du die ersten Schritte im Gehfrei im großen Speisesaal der Pension, zur Freude aller Feriengäste.

Wir selbst lernen hier viele Eltern kennen, die genauso durch die Behinderung ihres Kindes belastet sind. Wir tauschen Erfahrungen aus, und das macht uns Mut. Hier wird in diesem Jahr in großer Gemeinschaft behinderter und nichtbehinderter Menschen der dritte Geburtstag von Euch Zwillingen gefeiert.

Während eines Freizeitangebotes lasse ich Dir, mein Schatz, ein Horoskop ziehen und lese erstaunt:

Was die Sterne sagen

Das Tageshoroskop
für Karin,
geboren am 21. Juli 1974,
lautet:
»Sie werden begleitet
von Liebe, Glück und Zweisamkeit.«

Ein lebendes Kuscheltier

Es ist wieder soweit. Ein Jahr älter zu sein bedeutet für Dich auch: neuer Vorstellungstermin beim Herzprofessor!

Vor uns liegt ein langer Vormittag in der Uniklinik. Eine Untersuchung schließt sich der anderen an, mit zwischenzeitlich längeren Wartephasen.

Hier bestätigt sich wieder, wieviel mehr Du mitbekommst, als Du wiedergeben kannst. Du erinnerst Dich an alle vorherigen Untersuchungen – vor allem an die Spritzen! Heftige Angst befällt Dich! Es nützt nichts, daß ich Dir zur Beruhigung sage: »Karin, es passiert Dir nichts!« Selbst das EKG macht Dir große Angst. Da Du noch nicht allein stehen kannst, wirst Du zum Röntgen in eine Schutzhülle eingehängt. In panischer Angst schreist Du herzzerreißend und läßt alles unter Dir. Wir trösten Dich und warten gespannt auf das Untersuchungsergebnis.

Zum Glück hat sich Dein Herzfehler nicht verschlimmert; aber durch die vielen Erkältungen, für die Kinder mit der Trisomie 21 nun mal anfällig sind, haben sich im Blutbild Deine Thrombozyten (Blutplättchen) stark verringert. »Chronisch idiopathische Thrombozytopenie« (ohne äußere Einflüsse entstandener Blutplättchenmangel) lautet nun die zusätzliche Diagnose, wie uns der Professor offenbart.

Außerdem bestätigt er Deine Neigung zu vermehrten hypoxischen Anfällen (eine Folge von Sauerstoffmangel im Blut bzw. Gewebe). »Sie müssen damit rechnen, daß Ihr Kind in späteren Jahren vermehrt Anfälle bekommt und blau wird, weil der Kreislauf immer mehr den Weg über die Lunge nimmt«, erklärt uns der Professor.

Du erhältst nun zusätzlich zu Deinen Herztropfen noch Tabletten, die Deine Thrombozyten normalisieren sollen. Gegen Mittag fahren wir erschöpft nach Hause. Trotzdem sind wir relativ erleichtert und voller Hoffnung. Wie sollte es auch sonst weitergehen?

Zur Zeit ist meine Hauptsorge, wie Du das Kauen lernst. Niemand weiß mir da zu helfen. Bisher habe ich Dir das Essen im Mixer zerkleinert, und ich habe Dich beim Füttern bisher immer auf dem Arm getragen. Du wirst aber immer schwerer, und meine Rückenschmerzen werden immer stärker dabei. Nun versuche ich, Dir das Essen mit der Gabel zu zerkleinern und Dich in aufrechter Haltung im Hochstuhl zu füttern. Aber Dir läuft alles aus dem Mund, der Mundschluß funktioniert noch nicht. Obwohl Du den ganzen Mund voller Zähne hast, verstehst Du nicht zu kauen. Du drückst alles, was weich ist, mit der Zunge nach hinten. Alles andere spuckst Du einfach aus. Da kann ich gut das Lätzchen mit Auffangschale gebrauchen.

Heute früh meinte Erik beim Verlassen des Hauses auf dem Weg zur Schule:»Mama, ich möchte nach dem Unterricht gerne einen Freund mitbringen. Kannst Du dafür sorgen, daß Karin dann nicht gerade ißt?« Ich bin geschockt und kann ihn doch verstehen. Sein übersensibler Freund könnte den Anblick zum Anlaß nehmen, ihm seine Freundschaft zu kündigen. Und das könnte er in seinem Alter noch nicht verkraften.

Beim Mittagessen habe ich Dich, mein Schatz, heftig in Angst und Schrecken versetzt. Damit wir bei unserer anstrengenden Fütterung nicht auch noch die Tischdecke beschmutzen, habe ich sie zur Wand hin aufgerollt. Doch plötzlich siehst Du, wie sie sich selbständig macht und zurückrollt. Offensichtlich unterliegst Du einer Sinnestäuschung und vermutest darin ein Lebewesen. Du kannst das alles nicht verstehen und bekommst in einer solchen Situation fürchterliche Angst. Ich kann es Dir nicht erklären. Ich kann Dich nur beruhigen. Aber Dein Herz könnte bei solch einer Erstarrung vor Angst stehenbleiben.

Nun wirst Du bald vier Jahre. Deine Zwillingsschwester geht inzwischen in den Kindergarten. Der Unterschied zwischen Euch beiden wird immer größer. Körperlich reichst Du Anne nur bis zur Schulter. Aber Du kannst jetzt ja immerhin alleine sitzen. Dann fällt der Größenunterschied nicht so auf. Beim abendlichen Fernsehen sitzt Du zwischen Deinen Geschwistern. Immer hält Dich eines der Geschwister im Arm. Oft erlebst Du die Nähe als sehr angenehm. Dann läßt Du Dich küssen und knutschen und erwiderst dies auf Deine Art.

Zärtlich streichst Du mir des öfteren übers Kinn. Dann bin ich überglücklich, mein Engel! Papa greifst Du gerne in den Bart, und Anne versucht verzweifelt, Dir das Ziehen an den Haaren abzugewöhnen. Das Fernsehen interessiert Dich dann bald nicht mehr, aber Deine Geschwister sähen es gerne, wenn Du Ruhe gäbst. Doch das ruhige Zuhören hältst Du nicht lange durch.

Manchmal drückst Du eines der Geschwister herunter, um im Liegen zu schmusen. Wenn Du etwas Bestimmtes willst, dann entwickelst Du ungeheure Kräfte. Man zwingt Dich wieder in die Senkrechte und verbietet Dir Dein Summen und Sprechen, das eh niemand versteht.

Eine Freundin von Anne, die einer abendlichen Fernsehserie bei uns zuschaut, fragt ziemlich verdutzt: »Warum macht Karin immer solche Laute? Wie könnt ihr dabei fernsehen?« Aber daran hat sich längst jedes Deiner Geschwister gewöhnt. Uns wird dabei allerdings bewußt, wie intensiv wir uns auf Deine Eigenarten eingestellt haben – als wäre es eine Selbstverständlichkeit. Nur wenn Du allzu laut wirst, ermahnt man Dich zur Ruhe; und wenn Du Dich mal wieder direkt vor dem Fernseher plazierst, wirst Du zur Seite genommen und in die Sitzreihe auf der Couch eingegliedert. Dabei nehmen Dir Deine Geschwister gerne die Kuscheltiere ab, mit denen Du vor ihren Körpern herumwirbelst und so ihre Aufmerksamkeit beim Fernsehen störst.

Damit nehmen sie Dir aber auch Dein Minimum an kalkulierbarer Sicherheit, das Du in Form der Wiederholung des immer gleichen Vorgangs benötigst. Du hast das Bedürfnis, Dir innere Sicherheitsinseln zu schaffen, auf die Du Dich bei Bedarf zurückziehen kannst – so wie jetzt, wo der Rest der Familie vor dem Fernseher sitzt, der Dich sowieso nicht interessiert. Du fühlst Dich durch unser »Störverhalten« in die Enge getrieben und suchst Dir in der äußersten Ecke des Zimmers einen Platz, wo Du in Ruhe Dein stereotypes Verhalten fortsetzen kannst. Du scheinst von einem inneren Zwang angetrieben zu werden, diese Schleuderbewegungen ständig wiederholen zu müssen.

Da wir Dich aber in unsere Gemeinschaft integrieren wollen, holen wir Dich in unsere Runde zurück. Was bleibt Dir nun noch? Wie immer in ausweglosen Situationen nimmst Du Deine Finger als Werkzeug und reibst sie unentwegt an Deinen Zähnen und dem Zahnfleisch, das dann zu bluten beginnt. Deine Fingernägel sind schon erheblich abgeschliffen. Drückt Dir nun jemand die Hand zur Seite, schlägst Du so ruckartig und blitzschnell unter Dein Kinn, daß niemand es zu verhindern mag. Weil Du Dich nicht anders wehren kannst, Dich gekränkt oder unverstanden fühlst, richtest Du Deine Aggressionen destruktiv gegen Dich selbst. Zur Abwechslung schlägst Du Dir noch kräftig mit der Hand auf den Brustraum. Du tust uns so leid! Wir können nicht in Erfahrung bringen, warum Du das tust und wie wir Dir helfen können.

Solchen Autoaggressionen bist Du besonders in angstvollen Situationen wie z. B. bei Arztbesuchen und anderen angstbesetzten Vorgängen, die ich Dir nicht durchschaubar machen kann, ausgesetzt. In diesen Zeiten höchster Not näßt Du ein, wie es ein Sterbender in letzter Todesnot tut.

Heute ist wieder so ein depressiver Tag. Da, wo Du bist, bleibst Du wie angewurzelt sitzen und schaukelst vor Dich hin. Den ganzen Tag rückst Du nicht von der Stelle. Niemand vermag Dich wegzulocken. Du lebst in Deiner eigenen, vielleicht einsamen Welt und scheinst in einem Zustand äußerster Lethargie zu sein. Da versagen alle meine Versuche, Deine Antriebslosigkeit zu durchbrechen. Deine völlige Teilnahmslosigkeit lähmt auch mich und macht mich deprimiert und hilflos.

Meine Zuwendung lehnst Du vehement ab und schiebst mich mit einem kurzen Seitenblick aus Deinen Augenwinkeln von Dir weg. Dein Blick läßt verraten: »Sei mir nicht böse! Ich will Dich ja nicht kränken! Aber laß mich in Ruhe, ich kann nicht anders!«

Heute scheint es Dir dabei nicht gutzugehen. Ich taste Deinen Körper ab, um zu erfahren, ob Dir etwas weh tut. Ist es Dein Herz? Du kannst es mir nicht sagen. Es ist schwer festzustellen, inwieweit Dein schwerer Herzfehler an Deinem Unwohlsein und Deiner In-sich-Gekehrtheit mitbeteiligt ist. Wir können Dich nicht dazu bewegen, an unserer Welt teilzunehmen. Du horchst sichtlich in Dich hinein.

Um Dich abzulenken, nehme ich Dich mit nach draußen. In Deiner Behindertenkarre fühlst Du Dich geborgen. Ich zeige Dir die Natur und die Katze des Nachbarn, die Dir um die Beine schleicht. Ich nehme Deine Hand und streichle damit ihr weiches, warmes Fell. Du findest das sehr angenehm. Im Nu hast Du sie beim Schwanz gefaßt und schleuderst sie herum, als wäre sie eines Deiner Kuscheltiere. Das läßt sie sich aber nicht gefallen. Sie reißt sich los und läuft davon! Ganz verblüfft schaust Du dem lebenden Kuscheltier hinterher.

Im heilpädagogischen
Kindergarten

Nachdem ich schon längere Zeit mit Dir zur Frühförderung gegangen bin, wirst Du, mein Schatz, nun mit fast vier Jahren in den heilpädagogischen Kindergarten unseres Nachbarortes aufgenommen. Wir haben uns dafür entschieden, weil wir glauben, daß gerade Heilpädagogen mit ihren Erfahrungen und Ideen Dich besonders gut fördern können.

Während Du in den Kindergarten gehst, versuche ich, wieder in meinem Beruf zu arbeiten. Ich kann es mir aber nicht leisten, tagsüber nicht zu Hause zu sein; denn für Dich möchte ich erreichbar bleiben, falls Du wegen Erkrankungen nach Hause geschickt wirst. Deshalb arbeite ich als Krankenschwester im Nachtdienst. Wenn Dich dann Dein Taxi um 8.30 Uhr abholt und zum Kindergarten bringt, kann ich mir endlich – erschöpft vom Nacht- und Frühdienst – den langersehnten Schlaf gönnen.

Gemeinsam mit den Heilpädagogen machen wir uns Gedanken darüber, warum Du nicht sprichst und was Du hörst und verstehst. Das führt mich mit Dir zur HNO-Klinik, wo ein Facharzt Deine Hörfähigkeit überprüfen soll. Er bestätigt, was mir schon lange klar war: Was Du hören willst und was interessant genug für Dich ist, das hörst Du auch.

Aber was ist es dann, das Dich scheinbar reaktionslos macht? Was ist es, das Dich stumm erscheinen läßt? Warum benutzt Du die Sprache nicht? Was blockiert Dich? Wird es nie verbale Kommunikation zwischen uns geben? Keine Äußerung von Wünschen und Vorlieben? Wirst Du, mein schwerkrankes Kind, mir nie sagen können, was Dich schmerzt?

Mir ist nicht wohl dabei, Dich in fremden Händen zu wissen, besonders dann nicht, wenn es Dir gesundheitlich schlechtgeht. Ich kann den Gedanken nicht ertragen, Du könntest plötzlich nicht mehr leben und ich habe Dir nicht helfen können. Es mag überheblich und egoistisch klingen und ist sicher geprägt von Angstliebe, aber ich kann mir nicht vorstellen, daß es jemanden auf der Welt gibt, der Dir besser helfen könnte als Deine Mutter.

Stets schwebt über mir wie ein Damoklesschwert der Ausspruch des Arztes: »Sie können sie jederzeit tot finden!« – »Lieber Gott, laß mich dabei sein!« bete ich oft. Im Gespräch mit Deinem Papa machen wir uns Mut, uns gegenseitig keine Vorwürfe zu machen, wenn Du von uns gehen solltest, ohne daß wir beide zugegen sein können. Vor allen Dingen wollen wir Deinen Geschwistern keine Schuld zuweisen, wenn es in ihrer Gegenwart passiert, vielleicht dadurch, daß sie Dich überfordern.

Aber ständig bist Du erkältet. Wenn es sehr windig ist, bist Du besonders gefährdet. Du schluckst Luft und bekommst eine ganz blaue Haut. Und bei jeder kleinen Ansteckung entwickelst Du einen »dicken Infekt«. Eine Lungenentzündung aber könnte Dein Tod sein, mein Engel.

Deine ständig laufende Nase ist Dir selbst am unangenehmsten. Es ist eine meiner häufigsten Aktivitäten, Dir mit Unterstützung Deiner Hand ein Taschentuch aus Deiner Tasche zu nehmen, die Nase zu putzen und es dann wieder einzustecken. Aber richtig lernst Du das wohl nie.

Für Dich ist es viel einfacher, den Ärmel oder was sich sonst gerade anbietet zu nehmen. Man kann die Nase auch einfach an der Couch abstreifen, und das hast Du Dir schnell angewöhnt. Bevor jemand nach einem Taschentuch greift, bist Du auf diese Art meist blitzschnell selbst tätig geworden.

Immer öfter schicken Deine Erzieherinnen Dich vorzeitig vor Kindergartenschluß nach Hause. Oder ich behalte Dich gleich zu Hause, wenn fiebrige Infekte und Schnupfen auch

Deinem Herzen zu schaffen machen. Während dieser Schwächezustände ziehst Du Dich in Dich selbst zurück. Keiner soll Dich dann ansprechen.

Du bist so »weit weg«, daß es mir richtig Angst macht. Wer sich Dir nähert, den wehrst Du mit letzter Energie von Dir ab. Mir scheint, Du hast genug mit Dir selbst zu tun und kannst Dich deshalb einfach nicht auch noch mit anderen Menschen und Dingen befassen. Ich bange immer, daß Dir ja nichts passiert. Nach Deinem Zustand zu schauen ist morgens der erste und abends der letzte Schritt; und zwischendurch bin ich Dir ohnehin stets mit Augen, Ohren und meinem Herzen zugewandt.

Gott sei Dank gibt es immer wieder ermutigende Momente! Heute scheint es Dir besonders gutzugehen. Du hast mir bei Deinem Toilettengang die ganze Rolle Toilettenpapier abgewickelt und freust Dich riesig über diese Leistung. Das erinnert mich daran, daß Deine Zwillingsschwester Anne vor längerer Zeit genau das gleiche gemacht hat.

Eine ähnliche Leistung vollbringst Du, nachdem ich vergessen habe, Deinen Schrank abzuschließen. Im Nu hast Du Dich daran gemacht, alles auszuräumen!

In unserer großen Tischgemeinschaft fühlst Du Dich immer sichtlich wohl. Ich sitze dann an Deiner Seite, um Dich zu füttern. Heute reagierst Du auf unser Tischgespräch, indem Du freudig in die Hände klatschst.

Wir können es nicht fassen und sind so überrascht, daß wir Dich durch eigenes Klatschen auffordern, es erneut zu tun. Aber wir können Dich nicht mehr dazu bewegen – nie mehr!

Wenn ich Dir später bei passenden Gelegenheiten die Hände zum Klatschen zusammenführen will, drückst Du sie energisch zurück. Da kann eine ganze Gesellschaft klatschen – für Dich bleibt es tabu. Das veranlaßt mich zu deprimiertem Nachdenken. Wir spüren bei so vielen Gelegenheiten, daß Du innere Blockaden aufbaust, die Du nie mehr überwinden kannst. Was geht nur in Dir vor, mein Kind?

Die Betreuer des Heilpädagogischen Zentrums arbeiten mit uns Hand in Hand, und nach und nach lernst Du einiges dazu. Heute bei Tisch nimmst Du zum erstenmal Deine Tasse in beide Hände. Du schaffst es, alleine zu trinken! Wir alle sind glücklich, daß Du das nach langem Üben endlich geschafft hast. Auch für Dich bedeutet jedes bißchen Selbständigkeit höchstes Glück.

Als Zeichen Deines Wohlbefindens hebst Du aus Deiner Sitzhaltung heraus ein Beinchen in die Höhe und legst es ganz elastisch samt Schuh auf den Tisch neben Deinen Teller.

Auf dem Weg ins Kinderzimmer komme ich stets mit Dir an unserem großen Garderobenspiegel vorbei. Seit einiger Zeit fällt mir auf, daß Du nicht bereit bist, Dich Deinem Spiegelbild zu stellen. Meiner Aufforderung, Dich im Spiegel zu entdecken, kommst Du nicht nach. Jedesmal, wenn ich vor dem Spiegel innehalte, schaust Du nur kurze Zeit hin. Sobald Du Dich entdeckt hast, drängst Du mich mit aller Kraft zum Weitergehen, oder Du blickst demonstrativ zur Seite. Auch hier zeigst Du eine deutliche Blockade, die Du niemandem zu durchbrechen erlaubst.

Heute besuche ich Dich wieder einmal im Kindergarten. Ich trete in den Gruppenraum und sehe, daß Du, Karin, mich entdeckt hast. Aber mit keiner Reaktion läßt Du es Dir anmerken. Plötzlich hört eine Erzieherin, daß Du sprichst. »Hat sie ›Mama‹ gesagt?« fragt sie mich erfreut.

Ja, so ist es oft: Immer erst dann, wenn ein Anlaß Dich so sehr fordert, daß Du an Deine Grenzen von Freude oder Schmerz gelangst, bist Du bereit, Dir ein Wort entschlüpfen zu lassen. Mit drei Worten ist Dein Wortschatz äußerst gering, und Du gehst sehr sparsam damit um.

Die Kinder aus Deiner Gruppe springen mir entgegen. Sie zeigen mir etliche Plüschtiere mit abgedrehten Armen und Beinen und rufen mir zu: »Guck mal, Karin g'macht hat!« Die Kinder mögen Dich, und ich freue mich, daß Du von den Erzieherinnen und Kindern so herzlich geliebt wirst.

Deine eigene Welt

Kürzlich habe ich Dir einen herrlich weichen, großen Teddy gekauft. Groß sollte er sein, damit Du ihn meiner Vorstellung nach nicht so leicht herumschleudern könntest. Ich möchte erreichen, daß Du mit ihm so spielst, wie es auch andere Kinder tun. Ich rege Dich an, mit ihm zu kuscheln, ihn zu drücken, zu küssen und dergleichen mehr – und nicht die Arme zum Schleudern zu ergreifen. Doch ich habe die Rechnung ohne den Wirt gemacht: Da Du nicht auf Deine Art mit ihm spielen darfst, willst Du überhaupt nicht mit dem Teddy spielen. Unberührt und unbeachtet sitzt der schöne Teddy fortan auf seinem Platz.

Am Weihnachtsfest dieses Jahres wiederholt sich das feierliche Ritual einer kinderreichen Familie. Mit dem Lied »Ihr Kinderlein, kommet« treten wir alle unter Gesang in das kerzenerleuchtete, geheimnisvoll wirkende Wohnzimmer ein, das u. a. mit Tannenbaum, sieben bunten Tellern und vielen weihnachtlichen Überraschungen festlich geschmückt ist.

Zur Bescherung bekommen Deine Brüder in diesem Jahr verschiedene Musikinstrumente. Deine Zwillingsschwester Anne erhält eine Flöte; und Du, mein kleiner Engel, bekommst ein Glöckchen in die Hand gedrückt, mit dem Du unseren Gesang am Weihnachtsbaum und an der Krippe begleitest.

In diesem Jahr haben wir Euch Zwillingen außerdem schöne Puppen geschenkt. Annes Puppe hat langes blondes Haar und läßt sich vielseitig frisieren. Allerdings muß Anne ihr Geschenk vor Dir sorgsam in Sicherheit bringen, damit Du es nicht herumwirbelst und der Puppe nicht in die Haare beißt.

Deine Puppe ist ein niedliches, haarloses Baby, das in einer Puppenwiege liegt. Ich möchte erneut mit Dir üben, eine Puppe zu liebkosen, mütterlich zu umsorgen und anschließend wieder liebevoll ins Bettchen zurückzulegen. Doch dafür hast Du keinen Sinn. Wenn Du die Puppe nicht nehmen und auf Deine Art lieben – d. h. an einem Arm ergreifen und herumschleudern – darfst, dann willst Du sie gar nicht erst haben; und die schöne Puppenwiege interessiert Dich überhaupt nicht.

Ich bin immer erstaunt, wie genau Du mitbekommst, wenn sich irgend etwas an Personen oder gewohnten Gegenständen verändert hat. Das verwundert uns besonders, weil Du oft so scheinbar reaktionslos bist. Du bemerkst z. B. genau die Veränderungen im Wohnzimmer während der Weihnachtstage und bestaunst auf Deine Art – für uns möglichst unauffällig – den Lichterbaum und andere Veränderungen. Du nimmst ebenso Anteil an dem ganzen Geschenkerummel und hilfst – ein wenig widerwillig –, Dein Geschenk auszupacken. Hat es dann Dein Interesse geweckt, ergreifst Du es und ziehst Dich damit in Deine eigene Welt zurück.

Kommen Deine Geschwister nicht zu kurz, und wie kann ich Euch allen gerecht werden? Das ist eine Frage, die mich ständig begleitet. Heute habe ich Dich zusammen mit Deinen Geschwistern zum Behindertenschwimmen im Hallenbad angemeldet. Das Wasser ist bei dieser Gelegenheit besonders warm. Diese Chance will ich nutzen, Dich an das Wasser zu gewöhnen. Wenn Du schon in der Badewanne solch ein Vergnügen empfindest, wird Dir auch die Schwimmhalle gefallen, vermute ich. Außerdem schlage ich fünf Fliegen mit einer Klappe, denn auch Deinen Geschwistern, die daran teilhaben dürfen, kommt dieser Badespaß zugute.

Nun stehst Du vor dem großen Wasser und hast doch Angst. Um Deine zarten Ärmchen streife ich die Schwimmflügel, die auch einem Baby passen würden. Behutsam trage ich Dich an das Wasser des Kinderbeckens. Sobald Deine dünnen Beinchen das Wasser berühren, bringst Du ein angstvolles »Nenn« heraus. Deine Geschwister, die um Dich herumstehen und dieses Ereignis miterleben wollen, staunen und rufen: »Mama, sie hat ›nein‹ gesagt!« Auch ich bin von Deinem ersten »Nein« ergriffen.

Da ich weiß, daß große Angst sich negativ auf Dein Herz auswirken kann, gehe ich auch in dieser Situation sehr behutsam mit Dir um. Zentimeter um Zentimeter tauche ich Dich tiefer in das Becken. Für heute reicht eine Viertelstunde. Du hast die ersten Kontakte mit dem großen Wasser geknüpft, das Dich zu verzaubern beginnt. Nun setzen wir uns, warm eingehüllt in Badetuch und Bademantel, an den Beckenrand und schauen den Wasserspielen der anderen Kinder zu. Deine Lippen sind bläulich verfärbt, aber das Wasser zieht Dich in seinen Bann. Genau verfolgst Du das Geschehen, das Dich offensichtlich sehr beeindruckt.

Um »am Ball zu bleiben«, wiederholen wir wöchentlich diese Hallenbadbesuche. Während sich Deine Geschwister unter Anleitung mal mehr im Nichtschwimmer- und mal mehr im Schwimmerbecken tummeln, entwickelst Du große Freude daran, im Wasser zu strampeln. Schon wenn wir uns dem Hallenbad nähern, läuft bei Dir ein Film ab, der Dich freudig erregt. Beim Ausziehen in der Garderobe kannst Du plötzlich selbständig einige Kleidungsstücke ablegen, und dann kannst Du es kaum erwarten ...

Im Wasser gibst Du voller Begeisterung Töne und Laute von Dir, die sonst nie aus Deinem Munde kommen. Das freut uns und die anderen Badegäste sehr. Doch bald verfärbt sich Dein Gesicht. Über die blauen Lippen sehe ich längst hinweg, sind sie doch fast schon ein Dauerzustand. Aber wo ist die Grenze? Du selbst kannst sie nicht erkennen; denn die Freude am Wasser übertrifft und verdrängt alles andere. Da muß *ich* entscheiden – auch wenn Du Dich heftig wehrst, wenn ich Dich wissen lasse, daß es höchste Zeit ist, Dich aus dem Wasser herauszunehmen.

Erneut besuche ich mit Dir eine Logopädin, um zu erfahren, wie Dir möglicherweise das Sprechen beizubringen ist. Das mitgebrachte Kuscheltier nehme ich Dir vorsichtig aus der Hand, damit es Deine Aufmerksamkeit nicht ablenkt. Ich stelle es auf die erhöhte Fensterbank, um zu erreichen, daß Du mit der Logopädin besser in Blickkontakt treten kannst.

Das gefällt Dir aber nicht, und auf einmal entschlüpft Dir das Wort »Haben«, während Du zu dem Tier hinüberschaust! Ich kann es nicht fassen! »Haben« hast Du gesagt! Ich möchte es wie ein Fest feiern!

Aber die Logopädin geht zum Thema über. Sie zeigt mir den sogenannten Kiefergriff, den ich anwenden soll, damit Du dadurch kauen und eventuell auch sprechen lernst; denn beides habe miteinander zu tun.

Aber das ist wieder etwas, wogegen Du Dich absolut sperrst, und wir merken: Nur wenn wir es schaffen, Dich spielerisch zu überrumpeln, können wir eventuell auf eine Überwindung Deiner Blockaden hoffen.

Dazu lasse ich mir immer wieder neue Tricks einfallen. Gerne gebrauche ich Deinen Lieblingsjoghurt als Lockmittel. Du weißt: Erst, wenn alles geschafft ist, kommt die Joghurtbelohnung. Daß Du nicht weißt, wie man den Deckel des Joghurts abziehen kann, kommt mir dabei sehr zustatten. Das fordert Dich dazu heraus, die nächstbeste Person bei der Hand zu nehmen, sie an den Joghurt zu führen und ihr damit klarzumachen, sie solle den Joghurtbecher öffnen.

Einen anderen Tip der Logopädin, Dich zum Kauen zu bewegen, findest Du auch nicht gerade toll. Ich soll nämlich die Innenwände Deines Mundes mit meinen Fingern massieren. Aber Du empfindest das gewissermaßen als Eingriff in Deinen Intimbereich. Du weißt sehr wohl, wo Du Grenzen gesetzt hast, die niemand überschreiten darf.

Besser gefällt Dir da schon die Idee der Logopädin, eine elektrische Zahnbürste zu verwenden, von der wir uns eine ähnliche Wirkung erhoffen. Diese verlangt zwar anfangs auch etwas Überwindung und Übung von Dir, aber Du akzeptierst dieses Vorgehen. Besonders mit der Munddusche erreiche ich bald spielerisch die gezielte Mundgymnastik, die Du benötigst. Die variable Anwendung in verschiedenen Stärken – mal sanfter und mal kräftiger – macht Dir sogar richtig Spaß.

Deine Zahnpflege war mir ohnehin schon immer ein besonderes Anliegen. Es wäre gar nicht auszudenken, wenn Du, mein Engel, bei Deinem schweren Herzfehler eine Anästhesie bekommen müßtest. Nach jeder Mahlzeit putze ich Dir die Zähne. Nun hast Du es auch gelernt, Deinen Mund unter fließendes Wasser zu halten, und das macht Dir offensichtlich Spaß.

Vorsorglich gehe ich halbjährlich mit Dir zum Zahnarzt. Du hast keine Angst, weil er Dir keine Schmerzen verursacht. Es fällt Dir allerdings sehr schwer, die vielen Treppenstufen bis in den zweiten Stock hinauf zum Zahnarzt zu bewältigen. Dazu brauchst Du viel Zeit. Dein Atem geht dann sehr schwer. Auf dem Treppenabsatz mußt Du Dich immer erst mal auf einem Stuhl ausruhen.

Der Zahnarzt ist mit Dir zufrieden. Du wirst dank guter Mundpflege bis an Dein Lebensende keine Zahnbehandlung benötigen.

Inzwischen müssen wir immer öfter mit Dir zum Hausarzt. Deine Angst vorm Arztbesuch wird jedesmal größer, und stets machst Du vor dem Arztgang vor Angst in die Windel, die Du immer noch trägst (obwohl dies tagsüber normalerweise kaum noch nötig ist). Doch ich kann Dir nicht erklären, daß Du dieses Mal nichts zu befürchten hast und es nicht weh tun wird. Du verstehst es nicht. Zu oft bist Du schon durch Nadelstiche und andere »Qälereien« enttäuscht worden.

Wie solltest Du auch verstehen, daß man Dir weh tut – bist Du doch der bravste Engel der Welt.

Kuchenessen als Strafe

Nun wirst Du schon fünf Jahre. Sagte der Arzt nicht seinerzeit: »Sie wird höchstens fünf Jahre werden – mit heutigen Medikamenten vielleicht etwas älter!«?

Ich gebe diesem Gedanken keinen Raum. Wir wollen uns über jeden Tag, den Du lebst, freuen! Das gilt insbesondere heute, an Eurem fünften Geburtstag.

Anne hat ihre drei Freundinnen eingeladen. Es ist ein schöner Sommertag, und sie wollen draußen mit Euch feiern. Ich habe Euch ein aufblasbares Schwimmbecken aufgestellt. Wie Euch der Herrgott geschaffen hat, tollt Ihr im Wasser. Den Mädchen fallen die schönsten Spiele ein. Anne möchte Dich gerne mitspielen sehen. Es macht sie an ihrem Geburtstag ein wenig traurig und zornig, daß Du als ihre Zwillingsschwester nicht wie sie an allem teilhaben kannst und es wohl auch nicht willst.

Doch ihre Freundinnen nehmen sie derart in Anspruch, daß ihr Schmerz verdrängt wird. Dir aber genügt es vollkommen, dem Spielen, Lachen und Quietschen der Mädchen zuzusehen und zu lauschen. Hin und wieder nimmt Dich jemand in die Arme, spritzt Dich mit dem Gartenschlauch naß oder singt Dir ein Lied vor. Das reicht Dir.

Deine Geschwister und deren Freundinnen und Freunde wachsen mit Dir und Deiner Behinderung heran und empfinden sie als eine Selbstverständlichkeit. Da gibt es keine Berührungsängste.

Ich setze Dich auf die neue Schaukel, und siehe da: Ein schöneres Geburtstagsgeschenk konnten wir Dir wohl gar nicht machen! Du bist ganz begeistert. Immer ist jemand da, der Dich kurz anschiebt, damit Du weiterschaukeln kannst; denn Du hast noch nicht entdeckt, daß das Schaukeln auch von Dir ausgehen könnte.

Beim gemeinsamen Kaffeetrinken sitzt Du mitten unter Annes Freundinnen. Aber daß Du *Kuchen* essen sollst, das will Dir nicht in den Sinn und gleicht einer Bestrafung! So stelle ich Dir wieder einmal Deinen Joghurt auf den Tisch, für den Du alles andere auf der Welt stehenläßt.

Wenn fortan das sommerliche Wetter mitspielt, bereite ich Dir, mein Schatz, in unserem aufgeblasenen Boot ein herrliches Badevergnügen. Ich lasse warmes Wasser ein und bin überrascht, wie schnell Du Dich ausziehen kannst, wenn so etwas Wichtiges ansteht. Dann kann Dir sogar das Wort »Mama« über die Lippen kommen. In diesem Boot kannst Du Dich so richtig der Länge nach ins Wasser platschen lassen, und weitere spannende Erlebnisse wie Gießkanne, Gartenschlauch und Wasserball erwarten Dich.

Und doch sitzt Du manchmal auch nur ganz ruhig da und verspürst keine Motivation zum Planschen. Einmal schaust Du einer Taube zu, die sich auf dem Bootsrand niederläßt, um Wasser zu trinken.

Du läßt Dich allerdings auch von Bremsen stechen, wenn Mama nicht zur Stelle ist. Ja, Du weißt Dich nicht mal gegen eine Fliege zu wehren, die auf Dir herumkrabbelt. Du schaust einfach nur zu und läßt es Dir gefallen.

Am heutigen Nachmittag besuchen wir Bekannte, die an einem See kampieren. Es ist sehr heiß, und wir müssen uns vor übermäßiger Hitze schützen. Wir fahren Dich in Deiner Karre um den ganzen See herum – aber mit den Augen und Deinem ganzen Wünschen und Sehnen bist Du längst mitten im Wasser.

Unsere Bekannten haben hier einen Wohnwagen und können uns daher nur eine Waschschüssel anbieten, um Dich mit einer Erfrischung zu beglücken. Doch da Du so elastisch bist, ist es für Dich überhaupt kein Problem, mit angezogenen Beinen im Schneidersitz in der Schüssel Platz zu nehmen.

Am Abend bist Du sehr müde, und leise sagst Du das Wort »Heia« vor Dich hin. Es ist jedesmal so ergreifend, Dich sprechen zu hören, daß wir vor Freude weinen möchten. Aber eine Wiederholung des Wortes herauszufordern würde nur zur Blockade führen. Du sprichst eben immer nur, wenn etwas ganz außerordentlich wichtig ist oder Du bis zum Letzten gefordert bist. Wir wissen, daß jedes Wort ein besonderes Geschenk ist. Dieses Wort – »Heia« – wirst Du erst wieder in Deinen letzten Lebenstagen benutzen – und jeder ahnt dann, was Du damit meinst.

Zur Osterzeit des folgenden Jahres mache ich mir wie immer viel Mühe mit der festlichen Ausgestaltung unserer Fenster und Räume. Ich habe die Ostergestecke des Vorjahres, die zu dieser Jahreszeit immer die Tische im Eß- und Wohnzimmer schmücken, diesmal einfach vertauscht, um ohne großen Aufwand etwas Abwechslung zu erzielen.

Nie hätte ich gedacht, daß Du, mein Schatz, das bemerken würdest! Doch wie ich das Wohnzimmer betrete, stelle ich zu meiner großen Überraschung fest, daß die Gestecke wieder auf denselben Plätzen wie im Vorjahr stehen! »Wer war das?« frage ich erstaunt Deine Geschwister. Wie sich herausstellt, kannst nur Du, Karin, es gewesen sein!

Ich weiß zwar, daß Du einen ausgeprägten Ordnungssinn hast, aber so etwas hätte ich Dir nie zugetraut! Da hast Du schon ziemlich balancieren müssen, um die auf Stangen wakkelnden Eier im Gesteck sieben Meter weit zu befördern und das andere Gesteck mit den Häschen auf seinen alten Platz zurückzustellen – zumal Du noch nicht frei laufen kannst.

Etwas Ähnliches erlebe ich mit Dir in einer anderen Situation: Du weißt inzwischen, daß ich mit meinen selbstgebastelten Puppen äußerst eigen bin. Zweimal hast Du versucht, die kleine Puppe von der Eckbank zu nehmen und Deinen Schleudergriff anzuwenden. Ich habe es Dir sehr ernst und streng verboten, und Du hast es für immer verstanden. Eines Tages beschaut sich Annes Freundin diese Puppe und läßt sie anschließend auf dem Tisch liegen. Da regt sich erneut Dein Ordnungssinn: Du setzt sie schön gerade auf ihren Platz zurück. Das erstaunt und freut mich sehr.

In diesem Sommer verbringen wir unseren Urlaub in einem kleinen Ort am Sorpesee im Sauerland. Wir haben es gelernt, das viele Gepäck für sieben Personen ordentlich im Auto und auf dem Gepäckträger zu verstauen. Auch diesen Urlaub verbringen wir wieder zusammen mit anderen Familien und ihren behinderten Kindern, aber diesmal sind wir nicht so gut untergebracht wie beim letzten Mal.

Der Pensionswirt liebt zwar unser Geld, aber die Anwesenheit von Behinderten empfindet er für seine weiteren Gäste als unzumutbar. Deshalb müssen alle Behinderten den Seiteneingang benutzen, und Rollstühle gehören für ihn nicht in den Flur hinter dem Haupteingang. Säuberlich werden wir von den anderen Gästen getrennt; und es ist sein Wunsch, daß wir außerhalb der Pension in der Schützenhalle des Ortes mit unseren Kindern spielen.

Heute unternehmen wir mit Dir und den vielen anderen Familien mit behinderten Kindern eine Schiffsfahrt auf dem

Sorpesee. Auch sonstige Ausflügler kommen mit auf das Schiff. Sie werden natürlich auf uns aufmerksam. Hinter mir vernehme ich die Stimme einer jungen Frau, die ihrer Bekannten zuraunt: »Niemals würde ich solch ein Kind austragen!«

Ich drücke Dich, mein Liebling, fest an mich und denke: »Die weiß nicht, wovon sie redet!«

Unsere Situation wird allmählich immer schwieriger. Der finanzielle Aufwand durch Deine Schwerstbehinderung ist gestiegen, und aus diesem Grund haben wir für Dich erhöhtes Pflegegeld beantragt. Weil auch meine psychische und physische Belastbarkeit nachgelassen hat, arbeite ich nur noch sechs Nächte im Monat.

Neue Selbständigkeit

Du bist auf dem besten Wege, das Laufen zu lernen. Mit Freude überwindest Du langsam Deine Unsicherheiten, und Deine Geschwister üben gern mit Dir einige Schritte. Die ganze Familie hat ihre Freude daran, wie Du im Alter von sechs Jahren jetzt Deine ersten selbständigen Schritte machst.

Du siehst nun Deine Umgebung aus einer ganz neuen Perspektive – was allerdings auch viele neue Gefahren mit sich bringt! Wir können Dich nicht mehr aus den Augen lassen! Du versuchst, Dich an alles Erreichbare zu hängen, und neigst dabei dazu, Dein Kinn und Deinen Hals auf alle möglichen Gegenstände zu legen, bis Du ganz blau aussiehst.

Um ein Haar hättest Du heute den Fernseher von seinem Schrank heruntergezogen. Nicht auszudenken, was da hätte passieren können! Schnell hat Dein Papa ihn an der Wand befestigt.

Doch bald weißt Du, was Dir erlaubt ist und wo Du Dir immer wieder ein energisches »Nein, Karin!« anhören mußt.

Heute entdecke ich zu meiner Freude, wie Du am Küchenschrank stehst, Dir die offene Milchtüte an den Mund hältst und selbständig trinkst. Bei Deinen Geschwistern hätte mich das Trinken aus der Packung sicher nicht so gefreut, aber bei Dir weiß ich jeden Lernschritt hin zu mehr Selbständigkeit zu schätzen.

Dennoch übe ich nun mit Dir, die Milch in eine Tasse umzugießen. Das erfordert viel Geduld, und immer wieder schüttest Du etwas Milch daneben. Doch es gelingt Dir immer besser. Die verschüttete Milch lernst Du mit einem Lappen wegzuwischen.

Weil Dir diese Tätigkeiten soviel Spaß machen, möchtest Du sie immerfort wiederholen, auch wenn der Durst längst gelöscht ist und Du schon einen kleinen Milchbauch hast. Aber was ist, wenn die Milchtüte leer ist? Es drängt Dich, mehr zu bekommen, und dafür läßt Du, mein Schatz, Dir Erstaunliches einfallen:

Du nimmst meine Hand und führst mich zum Schrank, wo die Milch aufbewahrt wird. Ich öffne Dir den Schrank und überlasse Dir das Weitere. Es macht Dir viel Mühe, eine Milchtüte herauszuholen; aber Du willst es schaffen, und Du schaffst es.

Was nun? Wer öffnet die Packung? Wieder nimmst Du meine Hand und führst mich zu einer Schere. Ich öffne Dir die Milchtüte, und alles Übrige erledigst Du nun selbst: Schütten, Plempern, Abwischen, Trinken – und erneut: Schütten, Plempern, Abwischen, Trinken. Wir sind alle wieder dankbar für ein kleines weiteres Stück Selbständigkeit. Und Du selbst bist überglücklich!

Heute üben Deine großen Brüder die deutsche Rechtschreibung. Ulrich nimmt das zum Anlaß, einen Bericht über seine »kleine, süße Schwester Karin« zu schreiben. (Siehe gegenüberliegende Seite.) Wir freuen uns immer wieder, daß Deine Geschwister Dich so gerne mögen.

Es macht ihnen Spaß, auch außerhalb des Hauses mit Dir das Laufen zu üben. Immer wieder höre ich aus den bewundernden Kommentaren der Nachbarn heraus, wie gut sie mit Dir spielen. Dabei haben sie ihre eigenen Einfälle, Dich zu motivieren. Anne versucht es gerne musikalisch. Heute begleitet sie Deine ersten Schritte mit Trommelschlägen, und sogleich kommt der Wunsch in ihr auf, auch nach Musik mit Dir zu tanzen. Sie zerrt Dich hin und her – aber Du möchtest lachen und weinen zugleich.

Ich mag oft gar nicht hinschauen! Die Angst vor Überforderung seitens Deiner Geschwister ist immer dabei!

Rheine 11. den 8.4.1981

Meine Schwester Karin

Meine kleine, süße Schwester Karin,
ist leider Behindert. Wir haben sie trotzdem
alle sehr gerne, auch wenn sie nur „Degge, degge, degge,"
und „mm mmmmm," und mba, mba," sagt.

Sie ist schon 6 Jahre alt, und ich schätze sie ist
erst ¾ ein Meter hoch. Gehen kann sie erst
seit kurzem.   (groß)
Karin hat zwei Löcher im Herz, und ist
somit nicht immer gut zufrieden. Doch
manchmal ist sooooooooo gut zufrieden,
daß sie etwas spricht, und wenn man genau
hinhört, kombiniert und überlegt, dann weiß man
was es bedauten soll. Einmal hat sie sich sooooo
darüber gefreut das sie selber geklatscht hat.

Karin geht zum Heil Pädagogischen Zentrum in
Rheine, sie wird jeden morgen von einem Paset
abgeholt. Sie kommt dann erst Abends wieder.
Nun ist sie froh, daß sie wieder bei uns ist.

Und wir auch

Inzwischen macht Dir das Laufen sehr viel Spaß. Manchmal hängst Du Dich auch hinten an Ulrichs T-Shirt, während er auf Rollschuhen fährt, und trippelst hinterher – ein ziemlich lustiger Anblick!

Sobald es freilich vom Bürgersteig heruntergeht, bekommst Du Angst; und Du brauchst den besonderen Schutz durch Deine Begleiter. Wenn Du ihnen nicht traust, setzt Du Dich einfach auf den Kantstein, führst Deine Beine auf die Fahrbahn und stützt Dich mit den Händen zum Aufrichten ab. Und schon kann es weitergehen! Selbst wenn Du an der Hand einer Begleitperson gehst, verläßt Du Dich beim Verlassen des Gehsteigs lieber auf Dich selbst. Es wirkt schon komisch, wenn Du bei Deiner jetzt erreichten Größe im Verhalten eher einem Kleinkind ähnelst. Aber Vergleiche sind bei Dir ohnehin nicht angebracht.

Die Spaziergänge mit Dir werden allmählich immer länger. Irgendwann werden wir es um den Häuserblock schaffen. Heute versuche ich, Dich zu irritieren: Ich gehe an unserem Haus vorbei, als wäre es das des Nachbarn. Doch da spielst Du nicht mit. Du weißt genau, wann wir wieder zurück sind und wann Du vom Gehen müde geworden bist.

Dadurch, daß Du nun selbständig gehen kannst, kann ich mich besser in Dich hineinversetzen: Deine Führung ersetzt Deine Sprache. Du zeigst mir mit Deinen Schritten, ob Du zu etwas bereit bist oder Dich müde und schlapp fühlst und Ruhe brauchst.

Sofort hast Du heute unser Haus erkannt, als wir wieder dort angelangt sind. Deine Schritte lenkst Du gezielt zum Eingang, und auch mit Deiner Hand, die meine Hand hält, ja, mit Deinem ganzen Körper bestimmst Du die Richtung.

Hast Du einmal keine Lust zum Laufen, dann setzt Du die Beine so steif Schritt um Schritt nach vorn, als hättest Du keine Gelenke; und Deine Blicke schielen nach Deiner Karre.

Daß Dein Papa und Deine Geschwister Dich ebenfalls gut versorgen können, hat mir Mut gemacht, eine Kur für mich zu beantragen. Sie wird mir auch genehmigt. So kann ich mich bei Tango und Fango ein wenig von meinem anstrengenden Alltag erholen. Während dieser Zeit steht unserer Familie daheim eine Haushaltshilfe zur Seite. Ins Bett bringt Dich in dieser Zeit allabendlich Dein Papa.

Nach meiner Rückkehr freust Du Dich zwar, mich wiederzusehen. Aber das Ins-Bett-Bringen ist jetzt Papas Aufgabe! Wenn ich es dennoch versuche, kommst Du – geschickt im Schlafsack laufend – aus dem Bett zurück, gehst auf Papa zu und wartest so lange vor ihm, bis er Dich ins Bett zurückbringt.

Da Du heute so müde bist und es Dir ganz wichtig ist, jetzt zu Bett zu gehen, haben wir die Idee, Dein Sprechen herauszufordern. So rufen wir Dir zu: »Karin, sag mal ›Papa, komm‹!« Doch dazu bist Du nicht bereit. Vielmehr nimmst Du ihm die Zigarette aus der Hand, legst sie geschickt auf den Aschenbecher und ziehst den Papa mit letzter Kraft aus dem Sessel.

Inzwischen habe ich mich in Dein Bett gelegt und mir die Decke über den Kopf gezogen ... »Was wird sie jetzt wohl machen?« frage ich mich.

Hilflos stehst Du da und schaust Deinen Papa an, als wolltest Du sagen: »Hilf mir! Das ist doch mein Bett!« Gemeinsam zieht Ihr mich heraus, und endlich bekommst Du Deine wohlverdiente Nachtruhe.

Daß Du, mein Schatz, nun laufen kannst, bringt freilich auch viele gesundheitliche Risiken mit sich. Weil das Laufen Dir Spaß macht, überschätzt Du Dich; und Deine Grenzen kannst Du nicht erkennen. Deine Haut verfärbt sich eher blau, und Du gerätst schneller als früher in Erschöpfungszustände hinein.

Heute ist Sonntag. Während ich das Mittagessen zubereite, nimmt Dein Papa Dich zum alkoholfreien Frühschoppen mit in die »Oase«.

Schon als er Dich aus dem Auto holt, hat er den Eindruck, daß es Dir nicht gutgeht. Er setzt Dich in die Dir vertraute Spielecke und kann Dich so beim Gespräch mit Freunden stets im Auge behalten.

Plötzlich wirst ganz blau im Gesicht – und Panik überfällt Euch beide. Er nimmt Dich auf den Arm, drückt Dir die Beine fest gegen den Bauch, trägt Dich mit zitternden Beinen ins Auto und ist froh, Dich noch gerade mal so eben vor einem hypoxischen Anfall gerettet zu haben.

Im Jahr der Behinderten

Die Amtsärztin, die Dich hin und wieder im Heilpädagogischen Zentrum untersucht, nimmt ausgerechnet Dein Laufenkönnen zum Anlaß, uns das Pflegegeld erheblich zu kürzen. Sie teilt uns dies aber nicht mit. Glaubt sie etwa, wir seien ebenfalls behindert und sie könne über unsere Köpfe hinweg bestimmen? Lediglich auf dem Kontrollauszug des Sozialamtes erscheint der erheblich gekürzte Betrag.

Ich rufe dort an, um den Grund zu erfahren. Eine schnippische Stimme antwortet mir: »Das wird schon seine Richtigkeit haben!«

Aber so lassen wir nicht mit uns umspringen! Wir nehmen uns einen Anwalt und klagen. Meine Nerven sind am Ende. Jetzt ist Dein Papa gefordert. Fortan nimmt er sich viele Stunden Zeit, um sich in zahlreiche Vorschriften und Gesetze einzulesen, damit wir unser Recht vor Gericht geltend machen können; denn auch für unseren Anwalt ist dieses Thema Neuland.

Wir schreiben das Jahr 1980. Dieses Jahr wurde zum »Jahr der Behinderten« ernannt. Durch Dich und Deine Behinderung fühlen wir uns in unserer Familie angeregt, nichtbehinderte Menschen mit Behinderten in Kontakt zu bringen. Wir empfinden im Zusammensein mit Dir stets neu: *Was ein Mensch nicht kennt, kann er auch nicht beurteilen.* Wir aber können helfen, Brücken zu bauen und Vorurteile abzubauen.

Die Initiative »Jugend fotografiert« will in diesem Jahr mit Fotodarstellungen den Wert und die Würde von Menschen mit Behinderungen der Öffentlichkeit vorstellen und veranstaltet zu diesem Thema einen Fotowettbewerb.

Im Rahmen dieser Veranstaltung will Dein ältester Bruder, der inzwischen zehnjährige Ulrich, einen Beitrag leisten. Er schickt viele Fotos von Dir ein, zusammen mit Schilderungen der Fürsorglichkeit und Hilfestellungen Deiner Geschwister. Dazu kommen noch Fotos, die Deine Interessen und Deine Lebensfreude dokumentieren. Seinen Bericht beendet er mit dem Satz: »Ich finde, unsere Karin ist in die beste Familie hineingeboren!«

Einige Zeit später erhalten wir die freudige Nachricht, daß Ulrich bei dem bundesweiten Wettbewerb den zweiten Preis seiner Altersgruppe gewonnen hat. Als Preis erhält er einen dicken Weltatlas – mittlerweile sein Lieblingsbuch – und eine Flugreise nach München. Dein Papa begleitet ihn auf dieser Reise, die über die Pfingsttage stattfindet.

Für Ulrich ist dies alles *das* Erlebnis seiner Jugend: zunächst der Flug und Autogramme von Thomas Gottschalk, Ilse Werner und anderen Prominenten, dann die Besichtigung Münchens mit dem Englischen Garten, wo er Papa verstohlen auf die barbusigen Sonnenanbeterinnen aufmerksam macht, und dann auch noch ein Besuch eines großen Fußballstadions und eines riesigen Automuseums. Besonders schön ist es, den Papa bei alledem mal ganz allein für sich selbst zu haben!

Diese Pfingsttage verbringen Deine drei weiteren Geschwister bei einer Wochenendfreizeit. Ich selbst bleibe mit Dir, meinem Liebling, in einer deprimierten und frustrierten Stimmung zurück. Erstmals erfahre ich, was es heißt, ganz allein mit Dir zu sein, keinen Gesprächspartner zu haben und einfach aushalten zu müssen, was da auf uns zukommt und was an Gefühlen in mir aufsteigt.

Deprimiert in die eigene Welt versunken, sitzen wir beide stumm und traurig nebeneinander. Und dabei hatte ich geglaubt, daß auch mir das Alleinsein Erholung bringen würde. Während Papa und Ulrich in München die Früchte unserer Behindertenarbeit genießen, sitze ich so traurig neben Dir, und all die belastenden und negativen Aspekte im Leben einer Mutter mit einem behinderten Kind gehen mir durch den Kopf. Ich ertappe mich immer wieder am Telefon, weiß aber nicht, wen ich anrufen soll.

Ich spüre plötzlich, wie verlassen sich Angehörige von Behinderten fühlen können. Immer neue Fragen steigen in mir auf: Wer von uns beiden ist nun mehr behindert? Es ist ja nicht so, daß wir mit Deiner Behinderung nicht klarkämen. Aber fühlen wir uns nicht allzuoft alleingelassen?

Nachdenklich sitze ich vor unserer Blockhütte, die am Rande unseres Gartengeländes steht, und blicke hinüber zu unserem Haus – und alles, was wir in unserer zehnjährigen Ehe aufgebaut haben, zieht wie ein Film an mir vorbei.

Du, mein Engel, sitzt neben mir auf der Bank im Schatten und schaukelst stimulierend vor Dich hin, während ich meinen Gedanken freien Lauf lasse.

Da ist Dein Papa, der nie wieder einen Tropfen Alkohol zu sich genommen hat und der schon so vielen Betroffenen seine Hilfe geben konnte. Da sind Deine vier Geschwister, die gesund sind und sich gut entwickeln, auch wenn sie wegen Deiner Behinderung auf so vieles verzichten müssen. Ein Meer von Gefühlen öffnet sich mir, und ich empfinde tiefe Dankbarkeit für alles bisher Erreichte und für die vielen schönen Stunden mit Euch Kindern.

Ich genieße die Blumen um mich herum und höre den zwitschernden und trällernden Vögeln zu. Ein Kaninchen hoppelt über den Rasen, sieht uns und läuft eilig davon. Zwei niedliche Eichhörnchen hüpfen hintereinander von Tanne zu Tanne und springen dann auf das Dach der Blockhütte. Ich stelle fest, daß ich durch Dich, mein Schatz, die Natur bewußter erlebe. Deine Grenzen zwingen mich dazu, mich selbst zurückzunehmen und statt dessen intensiver zu schauen, zu hören und vor allem zu fühlen.

Aber da ist auch der Schmerz über die Grenzen, vor denen wir machtlos stehen, wenn wir Dich fördern möchten und

Dich nicht erreichen können – wenn wir mit Dir kommunizieren möchten und keine Rückmeldung bekommen – wenn wir Deine Erkrankungen heilen möchten und nicht einmal an dem teilhaben können, was Dich schmerzt, mein Engel. Das deprimiert mich; ich bin tieftraurig, und Tränen rollen mir über das Gesicht.

Da erhebst Du Dich von Deinem Platz, trittst von hinten an mich heran, legst Deine Hand unter mein Kinn und umarmst mich.

Deine liebevolle Geste und Dein Mitgefühl, mein Engel, verwandeln mein depressives Grübeln in große Dankbarkeit. Du selbst – die Urheberin meiner trüben Gedanken – machst diese fruchtbar in Freude, Liebe und Dank.

Meine Traurigkeit verwandelt sich in vertrauensvolle Hingabe an Deinen Schöpfer, der sich auch bei Deiner Behinderung für Dich und Deine Lieben etwas gedacht hat. Er allein weiß um unseren Weg, um Tag und Stunde und um den wirklichen Wert Deines Lebens, mein lieber behinderter Schatz. Und tiefbewegt steigen in mir die wohltuenden Worte von Dietrich Bonhoeffer auf:

> *Von guten Mächten wunderbar geborgen,*
> *erwarten wir getrost, was kommen mag.*
> *Gott ist mit uns, am Abend und am Morgen,*
> *und ganz gewiß an jedem neuen Tag!*

Ich denke zurück an Deine ersten Lebenstage und schaue mir dankbar an, was aus Dir geworden ist.

Schon in der ersten Woche nach Deiner Geburt sagte mir die Krankenschwester auf der Entbindungsstation: »Hätten Sie Ihr Kind doch nur hier gelassen ...« Ich war damals geschockt, denn den Rest ihrer Gedanken konnte ich erraten, aber nicht nachvollziehen. Und sie konnte natürlich nicht ahnen, wie sehr ich gerade Dich, mein Kind, lieben würde!

All die vielen falschen Vorstellungen über Menschen mit Behinderungen und all die vielen eigenen Erlebnisse veranlassen mich kurze Zeit später, aktiv zu werden. Jetzt, im »Jahr der Behinderten«, drängt es mich, meinen eigenen Beitrag in die Öffentlichkeit zu bringen; und so schreibe ich den folgenden Artikel an etliche Zeitschriften:

Der eigentliche Behinderte ist die Familie

»Heute wird doch schon viel für die Behinderten getan!« – Diese Aussage, mit der anscheinend viele Bürger ihr Gewissen beruhigen, habe ich oft zu schlucken.

Der Körperbehinderte unternimmt schon von sich aus sehr viel, um auf seine Barrieren aufmerksam zu machen; und das ist lobenswert. *Was aber ist mit dem geistig Behinderten?*

- Ist er nicht schon in sich selbst eine Barriere für unsere Gesellschaft?
- Ist es nicht unästhetisch, einem unartikuliert sprechenden, seibernden, unansehnlichen Behinderten – gleich wo – gegenüberzusitzen?
- Dieser mitleidige Blick für die Eltern – oder aber der zurechtweisende, wenn ein gestörtes oder autistisches Kind plötzlich aus der Norm ausbricht und randaliert ...
- Wie geht man mit Eltern um, die ein geistig behindertes Kind haben?
- Wie behindert ist ein geistig Behinderter, der seine Behinderung nicht wahrnimmt?

Die eigentlich Behinderten sind die engsten Angehörigen, und die tatsächlichen Belastungen sind oft nur zu erahnen. Ob sich darüber Gesetzgeber, Behörden und Gesellschaft nicht einmal mehr Gedanken machen sollten, indem sie behindertengerecht und situationsentsprechend aktive und finanzielle Familienhilfe leisten? Und sind etwa besser verdienende Eltern weniger belastet?

Wie heißt es doch so schön: »Dem Leben eine Chance geben ...«

Sind das alles nur Worte ohne Taten?

Ein Arzt sagte kürzlich mit Hinweis auf § 218: »Mongoloide Kinder brauchte es in Zukunft nicht mehr zu geben ...« Also wird man bald mit Fingern auf die zeigen, die – wie ich – »so dumm waren«, ein mongoloides Kind auszutragen. (In meinem Fall neben einer gesunden Zwillingsschwester, und das, nachdem doch schon drei Sprößlinge vorausgegangen waren.)

Ein geistig Behinderter ist aber nicht nur ein Nehmender, sondern auch ein gebender Mensch, und in welchem Maße, auch das ist nur zu erahnen; und darum ist das Leben eines geistig Behinderten in gleicher Weise lebenswert. Fragwürdig und schlimm aber ist das Verhalten unserer Behörden und unserer Gesellschaft.

Aus meinen täglichen Erfahrungen möchte ich trotz vieler negativer Erlebnisse allen Müttern Mut zum Kind machen; denn die anfänglich unüberwindbar scheinenden Schwierigkeiten erweisen sich im nachhinein oft zum Segen der ganzen Familie. Schlimm ist nur: Wenn Sie auf Hilfe hoffen, sind Sie meist verlassen. Unverständnis, falsches Mitleid und auch Bewunderung sind die täglichen Reaktionen. Weil ich mein behindertes Kind nicht verstecke, erfahre ich, wie man unsicher »meiner Behinderung« ausweicht, indem man frühzeitig den Bürgersteig wechselt. Unbeholfene Reden wie »Gut, daß Ihr Kind noch Haare hat!« oder gutmeinende Worte wie »Wie schaffst Du das?« sind da keine echte Hilfe, sondern führen eher in die Isolation.

Konkrete persönliche Hilfe – wo bleibt sie? Dabei gebe ich zu bedenken: Können nicht auch Sie oder Ihr Kind morgen durch Krankheit oder Unfall schwer behindert werden?

Wie viele betroffene Eltern bin ich dankbar für Tageseinrichtungen für unsere behinderten Kinder. Bedenkt man aber, wie oft gerade Schwerstbehinderte das Elternhaus hüten müssen, kann man die Belastung der Familie vielleicht eher verstehen. Und da heißt es: »Heute wird doch schon viel für die Behinderten getan ...«

Ich klage die Behörden an, ohne mich beklagen zu wollen: Da haben sich die Erzieher im Heilpädagogischen Zentrum in Rheine wie auch wir im Elternhaus unendliche Mühe gegeben, damit unsere Tochter mit sechs Jahren die ersten Schritte macht.

Für die Beurteilung der Amtsärztin Grund genug, das Pflegegeld auf die Hälfte zu reduzieren, obwohl der behandelnde Professor schriftlich darauf hinweist, daß Pflege jetzt erst recht anfällt, zumal das Kind weder sprechen noch kauen kann und wie ein Baby versorgt werden muß.

Auf unseren Einspruch hin kam dann der gütig provozierende Wortlaut: »Na ja, wenn das Kind keine Arme oder Beine hätte, wenn es blind oder gelähmt wäre, na ja, das wäre etwas anderes."

»Hilfe wird daran bemessen, was ein Behinderter *nicht* kann«, so heißt es im Gesetz. Jetzt »kann« unser Kind laufen, ja, es »kann« sogar Schäden anrichten, für die wegen seiner Behinderung keine Versicherung aufkommt. – Wirkt dieses Gesetz nicht jeglicher Förderung entgegen? Folge: weniger Förderung für den Behinderten – weniger Belastung für die Angehörigen – mehr Pflegegeld!

Die nervliche Belastung der Mutter aber findet dabei ebenso wie die Behinderung der gesamten Familie keinerlei Berücksichtigung. Muß man Eltern das Recht auf angemessene Hilfe derart vermiesen, daß sich dies alles in Resignation, Isolation, Nervenflattern, frühzeitigem Altern, Vernachlässigung von Interessen usw. niederschlägt? Noch wehre ich mich gegen derartige Folgen und gebe demgegenüber zu bedenken:

● Sehen Gesetzgeber, Behörden und die Betreuer von Behinderten nicht zu sehr den Behinderten selbst – ungeachtet der Frage, wieweit die gesamte Familie behindert ist?

● Es gibt nicht »den Behinderten«, sondern vielmehr eine Vielzahl ganz unterschiedlicher Behinderungen. Genauso unterschiedlich müßten auch die Therapien und mitmenschlichen Hilfen aussehen.

● Warum leben so viele Familien gerade mit geistig behinderten Familienangehörigen in völliger Isolation?

● Nirgendwo eingeordnet werden die Menschen, die am Rande der Behinderung stehen. Haben sie es etwa leichter?

Mein Beitrag zum Jahr der Behinderten möchte dazu anregen, Behinderungen – deren es viele gibt – natürlicher zu begegnen und Überlegungen anzustellen: Wie kann man auch ohne finanzielle Mittel echte Hilfen anbieten? *E. Wiegard*

Die gefrorene Torte

Es sind Ferien. Heute begleitet uns Erik auf dem Weg zur Gymnastik. Wir freuen uns mit Dir, daß Du laufen kannst, und nehmen Dich an der Hand in unsere Mitte. Mit einem Spiel wollen wir etwas Variation in Deine Laufübungen bringen. »Eine, ka beine, ka hoppelala!« rufen wir Dir zu. Dabei greifen wir Dir unter die Arme und schwingen Dich lustig in die Höhe.

Plötzlich aber sacken Deine Beine zusammen! Du wirst ganz blaß! Und Deine Augen verdrehen sich!

Angstvoll nehme ich Dich auf den Arm. Der Kopf fällt Dir nach hinten. In Todesangst renne ich mit Dir mitten über die Verkehrskreuzung, hinein in die auf der anderen Seite befindliche Krankenkasse und flehe das Personal an: »Hilfe! Schnell den Notarzt, bitte! Mein Kind stirbt!«

Es scheint eine Ewigkeit zu dauern, bis der Rettungswagen eintrifft. »Mein Engelchen, mein Engelchen! Du darfst nicht sterben!« Erik wird meine Hilferufe in diesen Minuten, in denen ich um Dein Leben ringe, wohl nie vergessen.

Endlich kommt der Krankenwagen und bringt Dich ins Hospital. Du erhältst sofort Sauerstoff.

Ich sitze an Deinem Bettchen und habe entsetzliche Angst, Dich zu verlieren. Weiß ich doch – so Du wieder zu Dir kommst –, daß sich solche Anfälle jederzeit wiederholen können. Doch Gott allein weiß, wann Deine letzte Stunde geschlagen hat.

Vor einer halben Stunde warst Du noch so glücklich und zufrieden, und jetzt liegst Du hier; und ich denke an Tod und Beerdigung und hoffe doch so sehr, daß Du weiterlebst. Mir geht soviel durch den Kopf. Dein ganzes kurzes Leben zieht an mir vorbei. Ich sehe vor mir einen kleinen weißen Kindersarg und überlege, was wir bei unserem letzten Geleit noch für Dich tun können. Wir wollen uns würdig von Dir verabschieden, denke ich, und wünsche mir, jedes Deiner Geschwister würde liebevoll je eine Seite Deines Sargs bemalen.

Während ich so in Gedanken versunken bin, scheint mir, Du kommst wieder zu Dir. Du atmest! Du lebst! Du schaust mich an! Gott sei Dank! Es ist nicht zu beschreiben, dieses Gefühl! Du, mein kleiner Engel, wirst uns neu geschenkt! Diese Freude kann nur nachvollziehen, wer selbst Ähnliches erlebt hat. Ich bin so glücklich und dankbar und hoffe, Dich bald wieder mit nach Hause nehmen zu können.

Doch jetzt werde ich erst einmal einige Tage zwecks Betreuung und Beobachtung bei Dir im Krankenhaus bleiben. Dein Papa, der sich Urlaub nimmt, wird in dieser Zeit Deine Geschwister versorgen.

Heute ist der Tag Deiner Entlassung aus dem Krankenhaus. Für uns ist das eine Art Feiertag mit gedämpfter Freude. Die Ärzte verordnen Dir Sauerstoff in einer kleinen Minibombe, die uns fortan auch unterwegs als ständige Hilfe für Notfälle zur Verfügung steht. Hat der Herzprofessor nicht vorausgesagt: »Sie wird vermehrt hypoxische Anfälle bekommen«? Der Sauerstoff gibt mir ein Gefühl größerer Sicherheit. Als Krankenschwester kann ich Dir sicherlich eine Hilfe sein, aber wenn die nötigen Mittel fehlen, kann auch ich nicht viel tun.

Die ganze Familie ist einerseits hocherfreut, Dich nun wieder bei sich zu haben, doch die Angst um Dein Leben ist immer da. Bei allen Spielen mit Dir ist äußerste Vorsicht geboten.

Dein Herzfehler bewirkt, daß Du Dich nicht so gut wie andere gleichaltrige Kinder entwickeln kannst. Du bleibst auch weit hinter dem Stand anderer mongoloider Kinder zurück, vielleicht auch, weil wir Dich nie bis an die Grenzen Deiner Leistungsfähigkeit fordern können. Zum Glück verspürst Du selbst eine natürliche Abwehr gegen vieles, was Dich zu sehr belasten würde. Du setzt Dich dann einfach auf den Boden, wo auch immer Du Dich gerade befindest, weil Du uns mitteilen willst: »Es geht nicht mehr!«

Auch wenn Du nicht sprichst und keine Gebärdensprache benutzt, lernst Du doch im Laufe der Zeit, Worte und Redewendungen zu verstehen und uns verständlich zu machen, was Du willst. Aber traurig denke ich trotzdem: Ich kann Dich rufen, doch Du wirst mir wohl nie antworten, und nie werden wir verbal miteinander kommunizieren können.

Langsam wage ich wieder, mit Dir etwas zu unternehmen. Deine Behindertenkarre ist immer dabei, und im Netz derselben begleitet uns Deine Sauerstoffflasche. Aber wo ist das rechte Maß zwischen Fördern, Fordern und Überfordern?

Und dann ist da noch Deine Bequemlichkeit. Es kann ja schließlich auch ganz schön sein, durch die Gegend gefahren zu werden, statt laufen zu müssen.

Ein wenig möchte ich Dich heute schon fordern. Also versuche ich, Dich zu überlisten. An Deiner Stelle setze ich Deine Puppe in die Sportkarre und übergebe Dir die Aufgabe, sie zu schieben. Deinen Versuch, sie herauszunehmen und ins Einkaufsnetz zu legen, um in Windeseile selber Platz zu nehmen, lasse ich nicht durchgehen. Du merkst, daß Du keine Chance hast, und fügst Dich in Dein Schicksal. So haben wir mehr oder weniger spielerisch schon wieder ein Stück Belastbarkeit geprobt – immer mit dem Sauerstoff in Reichweite. In dem Maße, in dem Du Dich nach und nach stabilisierst, wird auch mein Mut, Dich zu belasten, größer.

Ich wage wieder, mit Dir eine Deiner geliebten Busfahrten zu unternehmen. Dabei kannst Du Dich sitzend von den Strapazen des Fußwegs zur Haltestelle erholen. Wir wollen in der Stadt ein paar Einkäufe erledigen und wieder nach Hause fahren, sobald es für Dich zuviel zu werden droht. Ich wähle die Geschäfte nahe der Bushaltestelle am Fahrtziel: ein Kaufhaus und ein Fotogeschäft.

Im Kaufhaus suchst Du nach der erstbesten Sitzgelegenheit; denn Du weißt, daß ich es inzwischen nicht mehr dulde, daß Du Dich einfach irgendwo auf den Boden setzt. Nun versuchst Du es mit der Geste, Dich vor mich hinzustellen und mir mit erhobenen Armen zu erklären, daß Du auf den Arm möchtest. Aber Du bist zu schwer für mich und meinen Rükken geworden. Ich verstehe ja, was Du mir mitteilen willst. Du versuchst nun zu bestimmen, wohin wir gehen. Während ich mich nach Kleidern umschaue, hast Du Dir schon einen Sitzplatz in der Umkleidekabine gesucht. Jetzt warten wir an der Kasse. Auch das ist für Dich eine arge Geduldsprobe, denn Dein Herzfehler drängt Dich nach einem Sitzplatz.

Nun gehen wir einige Schritte weiter in den Fotoladen. Auch hier hast Du die Situation sofort überblickt: Es ist kein Stuhl in Sicht! Aber die Tür zum Nebenraum steht einen Spalt weit offen. Ich kann kaum so schnell umherblicken, wie Du wegläufst, wenn es für Dich dringend ist. Ich gehe Dir nach und sehe Dich auf dem Schoß eines Verkäufers sitzen, der gerade Kaffeepause macht. Hilflos und verunsichert schaut der Mann mich an. Er kann ja nicht wissen, daß es Dir nur um die Sitzgelegenheit geht. Wir fahren nun wieder heim und sind froh, es wieder einmal geschafft zu haben.

Auch daheim versuchen wir, Dich immer wieder zu motivieren. Wir tanzen, spielen und singen mit Dir, und stückweise gelingt es uns, Deinen Widerwillen zu überwinden. Du bist der Mittelpunkt unserer Familie. Wenn Deine Geschwister von der Schule heimkommen, stehen jedesmal zwei wichtige Begrüßungen an: »Hallo, Mama!« und: »Was macht Karin?«

Dann spielen alle erst einmal mit Dir, und bald weißt Du genau, wie jedes Deiner Geschwister zu nehmen ist. Da ist Ulrich, der Dich gerne hochstemmt – am liebsten bis an die

Zimmerdecke. Dann ist da Erik, der Dich gerne huckepack nimmt; und dann kannst Du schließlich noch mit Christoph spielen, der Dich auch immer wieder auf verschiedene Weisen fordert. »Nicht so wüst!« ermahne ich ständig Deine Brüder. Aber Du fühlst Dich sicher und vertraust ihnen, auch wenn Eure Spiele auf einen Beobachter noch so gefährlich wirken.

Wenn Anne aus dem Kindergarten kommt, begrüßt sie Dich gerne mit dem Satz: »Gib mir die Fünf!« Du weißt genau, was sie meint: Sie wünscht Deine Hand, und dann schlagt Ihr beide kräftig Eure Handflächen gegeneinander. Du weißt auch: Sie gibt nicht nach, bis Du Dich bereit erklärst, das Spiel mitzumachen. Wenn Du ganz gut drauf bist, wiederholt Ihr das Spiel mit den Füßen.

Heute hast Du einen Anfall ganz besonderer Art, der einer plötzlichen Hyperventilation ähnelt. Schon oft habe ich Menschen in einer solchen Notsituation helfen können. Infolge eines Angstzustandes atmen diese Patienten immer schneller und kürzer und stehen oft kurz vor einem Tetanieanfall (einem schmerzhaften Muskelkrampf), wenn ihnen nicht durch Einatmen der eigenen Ausatmungsluft (durch Vorhalten einer Plastiktüte vor den Mund) schnell geholfen wird.

Bei Dir kann ich aber nicht so recht glauben, daß es eine Hyperventilation sein kann, weil ich Deinen Zustand im Zusammenhang mit Deiner Herzkrankheit sehe und Du noch nie hyperventiliert hast. Trotzdem fahren wir mit Dir eilig in die Uniklinik, wo Dir mit einer Spritze schnell geholfen wird.

Täglich erleben wir mit Dir neue Überraschungen. An einem Apriltag öffne ich die Terrassentür, um die Sonnenwärme hereinzulassen. Doch das nimmst Du zum Anlaß, Reißaus zu nehmen ... Bei der Nachbarin um die Ecke hast Du eine Wanne entdeckt, in der sie Regenwasser gesammelt hat, um damit ihre Blumen zu gießen. Kurzentschlossen steigst Du mit voller

Bekleidung hinein. Die Nachbarin wird durch Deine Laute und das Planschen aufmerksam. Erstaunt entdeckt sie Dich, mein Schatz, und bringt Dich tropfnasses Bündel zu mir zurück. Wir haben wieder einmal Glück gehabt!

Ich erinnere mich: Erst vor einer Woche bist Du vollbekleidet in meine Badewanne gestiegen, in der ich in kaltem Arielwasser meine Gardinen eingeweicht hatte.

Jedes Wischwasser, selbst die stehende Pfütze im Bad, nutzt Du zum Planschen. Nur langsam können wir Dir beibringen, welches Wasser Dir zugedacht ist und welches nicht. Das Planschbecken, das im Sommer auf dem Rasen steht, ist Dein Reich, nicht aber der kleine Teich mit den Fischen, den Ulrich

96

gern spöttisch »Vogeltränke« nennt und der so klein ist, weil wir Deinetwegen Bedenken hatten, einen größeren und tieferen anzulegen.

Zur Zeit ist das Weglaufen Deine Ambition. Der Spielplatz um die Ecke mit seinem Schaukelpferdchen auf einer großen Spiralfeder ist Dein Ziel. Du weißt vom Kindergarten, daß Dir die dicke Spirale soviel Sicherheit bietet, daß Du nach Herzenslust schaukeln kannst. Und Du schaukelst so übertrieben stark, daß Du dabei ein ganz blaues Gesicht bekommst.

Bisher haben wir Dich immer schnell erwischt, Du kleine Ausreißerin. Heute aber ist es anders. Am späten Nachmittag kommt Dein Papa von der Arbeit heim und hat bei einer Tasse Kaffee so einiges zu berichten. Auch Deine Geschwister wollen herauslassen, was ihnen der Tag gebracht hat. Du aber hast Dich durch die Haustür selbständig auf den Weg gemacht. Noch verharren wir angeregt im Gespräch, da schellt es an der Haustür, und unsere Apothekerin bringt Dich zu uns zurück.

Wir wundern uns: In kürzester Zeit hast Du es geschafft, mehrere Straßen von etwa einem Kilometer zu überwinden. Du bist dann auf der Hauptstraße aufgelesen worden. Wir empfinden große Freude über Deine Leistung, und wir sind natürlich vor allem dankbar, daß Du wohlbehalten wieder hier bist.

Dieses Erlebnis ist uns allerdings Anlaß genug, einen Riegel an der Haustür anzubringen. Ich mag mir gar nicht erst vorstellen, daß Du Dich womöglich eines Nachts auf den Weg machen könntest ...

Jetzt, durch die Mehrbelastung, die das Laufen hervorruft, wiederholen sich mehrfach Deine hypoxischen Anfälle. Ich wünsche sehnlichst, daß ich immer in Deiner Nähe sein werde, wenn so etwas passiert.

Trotzdem möchte ich nicht unentbehrlich für Dich sein. Ich erkläre Deinem Papa und Deinen Geschwistern, wie sie Dir in jeder Situation behilflich sein können und wie der Sauerstoff zu verabreichen ist. Natürlich sind sie es schon gewohnt, Dich auf Toilettengängen zu begleiten, Dir die Zähne zu putzen, Dir Medizin zu verabreichen und Dich ins Bett zu bringen. So können wir Eltern auch schon mal aus dem Haus gehen, z. B. in die wichtige Selbsthilfegruppe oder zu einer Veranstaltung. Und wir können trotzdem sicher sein, daß Deine Geschwister sich zu helfen wissen. Das haben sie uns dann auch auf unerwartete Weise bewiesen:

Du, liebe Karin, fühlst Dich wieder einmal nicht gut. Da ich aber Papa heute mit dem Auto von der Arbeit abholen muß, nehme ich Dich doch lieber mit, um Dich im Notfall in meiner Nähe zu wissen.

Diese Gelegenheit nutzen Erik und Anne, um den Arzt anzurufen: »Kommen Sie schnell, unsere behinderte Schwester hat einen Anfall!«

Als ich gerade mit Deinem Papa und Dir zurückgekommen bin und wir uns zu einer Tasse Kaffee an den Tisch gesetzt haben, sehe ich durchs Fenster das Auto unseres Hausarztes auf den Bürgersteig fahren. Heraus springen der Arzt und seine Arzthelferin. Sie laufen auf unser Haus zu. O weh! Ich ahne es ... Mit hochrotem Kopf stehen sie da, unsere kleinen Übeltäter, und versuchen, so zu tun, als wüßten sie von nichts ...

Wir entschuldigen uns beim Arzt für unsere Kinder und weisen sie zurecht. Doch das nimmt nun auch noch der Doktor selbst in die Hand. Fortan wissen unsere Kinder, daß man mit so etwas keine Scherze treibt.

Na ja, irgendwie ist es ja auch spektakulär, eine behinderte Schwester zu haben, und jedes Deiner Geschwister geht in verschiedenen Altersphasen ganz unterschiedlich damit um.

Allmählich gelingt es uns Eltern, Dich auch schon mal während einer Tagung mit Übernachtung Deinen Geschwistern zur Versorgung zu überlassen. Während dieser Zeit rufen wir natürlich ab und zu an, um uns nach Deinem Zustand zu erkundigen. Außerdem liegt unsere Telefonnummer bereit.

Diese Tagung, so hoffen wir, wird nicht nur uns Eltern guttun, sondern sie wird uns allen zu ein wenig mehr Selbständigkeit verhelfen.

Als wir von der Tagung zurückkommen, erleben wir einen herzlichen Empfang: Bereits auf der Straße empfängt uns Ulrich. Wie ein Kellner trägt er ein weißes Tuch über dem Arm und bittet uns herein. Der Kaffee ist bereits gekocht und der Tisch gedeckt. Eine Kerze brennt, und Blumen schmücken die Kaffeetafel, auf die nun auch noch schnell eine gefrorene Torte aus der Tiefkühltruhe gezaubert wird.

Erik liest als Höhepunkt des Empfangs eine romantische selbst geschriebene Geschichte vor, in der er in Lobeshymnen seinen Dank an seine Eltern zum Ausdruck bringt.

Es ist beeindruckend zu fühlen, wie gut jedem von uns dieses Wochenende getan hat.

Nur Du, mein Kind, um das sich letztlich alles dreht, zeigst keine Zeichen von Wiedersehensfreude. Du sitzt einfach da und schaust – scheinbar völlig unbeteiligt – hin und wieder aus den Augenwinkeln zur Seite. Doch ich weiß, daß Du alles genau im Blick hast.

Es ist schon eine halbe Stunde her, daß wir zurück sind, da reagierst Du endlich. »Mama«, sprichst Du leise vor Dich hin, stehst von der Couch auf, kommst auf mich zu und umarmst mich auf meinem Stuhl, von hinten kommend, auf Deine eigene Art. Das ist für mich der Höhepunkt des schönen Wochenendes. Dein Wesen strahlt alles aus, was Deine Sprache nicht mitteilen kann. Und Dein Papa drückt treffend aus, was wir alle empfinden: »Ihre Seele hat immer schon gesprochen!«

Das Kind
kann nicht mitkommen!

Es kommt Dir in unserer Großfamilie zugute, daß immer im Wechsel jemand für Dich da ist und sich dabei keiner dauerhaft überfordert fühlt. Dich fördert dabei, daß Du Dich ständig auf die jeweilige Person umstellen mußt.

Es ist auch gut, daß jedes Deiner Geschwister gleichermaßen von klein auf gelernt hat, Verantwortung für Dich zu übernehmen. So bleibt jedem von uns allen ein Stück Freiheit erhalten. Du bist nicht zu sehr auf mich fixiert und hast genügend Abwechslung innerhalb der Familie. Wie hat Ulrich doch so schön in seinem Fotobericht geschrieben? »Du bist in die beste Familie hineingeboren.«

Sicher müssen wir zugunsten Deiner Förderung auf viele gesellschaftliche Aktivitäten verzichten. Daraus ergibt sich zwangsläufig, daß uns nur wenige Freunde geblieben sind. Wir schämen uns nicht Deiner Behinderung und gehen selbstverständlich mit Dir an die Öffentlichkeit. Aber manche Wünsche bleiben unerfüllbar.

So ist es z. B. oft zu heiß, um Dir eine Autofahrt zumuten zu können. Schon öfter haben wir uns große Sorgen gemacht, wenn Du naßgeschwitzt und kreislaufgeschwächt hinten im Auto gesessen hast und wir ängstlich nach hinten geschaut und uns gefragt haben: »Und jetzt? Was macht sie jetzt?« Deshalb haben wir bei unserem jetzigen Auto auch darauf geachtet, daß es ein Schiebedach hat, damit wir Dir mehr Frischluft zuführen können.

Die Monate vergehen; und die Vorweihnachtszeit kommt. Vorbei an buntgeschmückten Schaufenstern und Geschäften gehen wir mit Dir auf den Weihnachtsmarkt. Besonders liebst

Du Karussells. Die Fahrt kann Dir gar nicht lange genug dauern.

Auch eine Gelegenheit zum Ponyreiten besteht auf dem Markt. Ich möchte Dir die Freude machen, auf einem der Ponys, an meiner Hand geführt, zu reiten. Aber Du fühlst Dich auf dem Pferd nicht sicher und hast entsetzliche Angst. Die Angst steigert sich in Panik und Todesfurcht; Du machst in die Hosen. Schnell nehmen wir Dich vom Pferd herunter. Du brauchst Zeit, das Erlebte zu verarbeiten. Meine eigene Angst in so einem Moment, Dich zu verlieren, macht meine Beine zu Gummi; denn über mir schwebt der Satz: »Sie können sie jederzeit tot finden!«

Während Deine großen Brüder bereits auf eine weiterführende Schule gehen, ist Deine Zwillingsschwester eben gerade erst eingeschult worden. Aber Dich müssen wir aus medizinischen Gründen von der Schule für geistig Behinderte vorerst zurückstellen lassen. Anne bedauert sehr, daß Du nicht mit ihr zur Schule gehen kannst; und wir erfahren wieder einmal, wie unsere Gesellschaft zum Selektieren und Ausgrenzen neigt.

Anne und ihre Mitschülerinnen dürfen in ihren ersten Schultagen ihre Eltern als Gastteilnehmer in der Klasse begrüßen. Stolz stellen sie einander ihre Eltern vor. Nur Annes Mama war noch immer nicht da! Ich entschließe mich, heute mit Dir dorthin zu gehen, denn Anne ist es ein Bedürfnis, nicht nur ihre Mutter, sondern auch Dich als Zwillingsschwester vorzustellen.

Ich klopfe an die Klassentür und trage Dich auf dem Arm. Die Lehrerin öffnet. Empört schaut sie uns an und sagt: »Das geht aber nicht! Das Kind kann nicht mitkommen!«, und schon ist die Tür wieder zu.

Habe ich selbst sie geschockt zugemacht, oder hat sie mir diese vor der Nase zugeschlagen? Ich weiß es nicht mehr! Gut, daß Du, mein Kind, nicht mitbekommen hast, worum es ging. Es verlief ruckzuck, und schon waren wir beide wieder einmal außen vor. Zurück bleibt außer meiner Wut Deine weinende Zwillingsschwester, die die Welt nicht mehr versteht.

Am Mittag jedoch klingelt das Telefon, und die Lehrerin entschuldigt sich für ihr unhöfliches Verhalten. Nun dürfen wir am nächsten Tag unseren Besuch wiederholen. Du bist ganz lieb und verhältst Dich so ruhig! Nur ein paar Laute bringst Du hervor, die niemanden stören. Die Kinder lachen Dich an und sind erfreut über Deinen Besuch.

Allein die Lehrerin ist zu bedauern; sie ist völlig hilflos und überfordert! Dabei ist es doch so einfach, mit behinderten Menschen umzugehen. Wenn wir Erwachsenen es nur nicht so kompliziert machen würden! Diese Kinder sind das beste Beispiel dafür, wie gut das funktionieren kann – weil sie so natürlich sind!

Ich frage mich oft, warum sich Erwachsene im Umgang mit Dir und anderen Behinderten so schwertun. So manches Mal würde ich gerne die Hilfe anderer in Anspruch nehmen, aber wie oft wird sie mir versagt!

Ich wäre gerne zu einer Beerdigung gegangen und hätte es unpassend gefunden, Dich dorthin mitzunehmen. Deshalb fragte ich eine Bekannte, deren Wohnung auf dem Weg liegt, ob sie solange auf Dich aufpassen könne. Die Antwort lautete: »Nein, auf Anne wohl, aber nicht auf Karin!« Alle meine Versicherungen, sie müsse sich keine Sorgen machen, nutzten nichts.

Einem Kind kann ich Dich problemloser anvertrauen, doch die sind am Vormittag alle in der Schule. Allerdings muß ich mich selbst fragen, ob ich in dieser Situation wirklich anders gehandelt hätte.

Natürlich können Deine Geschwister, die täglich mit Dir umgehen, solche Berührungsängste überhaupt nicht verstehen.

Und ich frage mich: Wie können Gefühle der Verunsicherung gegenüber Behinderten abgebaut werden, wenn sich die Menschen nicht trauen, Hemmschwellen zu überwinden, um die Betreffenden kennenzulernen? Wie kann man sonst erleben, daß auch Behinderte sehr viel geben können und auch ihr Leben lebenswert ist? Aus Ängstlichkeit und Verunsicherung bringen viele sich selbst um beglückende Erlebnisse.

Eines Tages fahre ich mit dem Bus in die Stadt und nehme Euch Zwillinge mit. Die Blicke der Leute im Bus und unterwegs sind auf Euch und mich gerichtet, eher mitleidig und konform mit Omas Ausspruch: »Könnten denn nicht beide so sein?« Anne macht es Spaß, mit Dir zu schmusen, und schon verwandeln sich die mitleidigen Blicke der zuschauenden Fahrgäste in ein befreites Lachen.

Im Supermarkt erlebe ich die gleiche Veränderung in den Gesichtern der Menschen, während wir in der Schlange vor der Kasse stehen und Erik die Wartezeit nutzt, um Dich durch Neckereien zum Lachen zu bringen.

Immer wenn ich da Mitleid in den Gesichtern der Umstehenden entdecke, frage ich mich: »Wer von den Anwesenden ist hier eigentlich die behinderte Person?« Viele Menschen erkennen Deine wirkliche Ausstrahlung nicht, wenn sie sich von Äußerlichkeiten leiten lassen. Und sie kennen nicht Deine Liebe und Deine Freude, die Anne zu dem Ausspruch veranlaßte: »Mama, ich finde, die Karin hat auf ihre Art ein ganz schönes Leben!«

Was die Menschen nicht kennen, wollen sie trotzdem beurteilen, das erlebe ich oft. Alle diese Erfahrungen veranlassen mich, bewußt Kontakte zwischen Dir und nichtbehinderten Menschen aufzubauen.

Wenn ich z. B. mit Dir ins Hallenbad gehe, baue ich bewußt Brücken zu den Kindern, die meist wortlos oder ängstlich fragend gucken. Ich sage ihnen, daß Du ganz lieb bist und nur deshalb solche komischen Laute machst, weil Du nicht sprechen kannst. Und schon ist unser Frage-und-Antwort-Spiel in Gang gesetzt. Aus der Ferne schaue ich mir dann an, wie die so informierten Kinder ganz unbefangen ihre Eltern aufklären. Sie erzählen, daß Du Karin heißt, daß Du ein krankes Herz hast, daß Du so geboren wurdest, daß Du später wohl nicht heiraten kannst usw.

Über die Kinder zu ihren Eltern, das ist ein treffsicherer Weg! Letztere sind verständlicherweise meist so verunsichert, weil sie zu Behinderten – die in Hitlers Zeiten vernichtet wurden – nie Kontakt hatten. Nur so verstehe ich die Reaktion mancher Eltern, wie ich sie heutzutage noch erlebe:

Ich fahre Dich mit Deiner Karre durch die Straßen. Ein Kind an der Hand seiner Mutter fragt erstaunt: »Mama, was hat die? Warum kann die nicht laufen?« Noch bevor ich es vermittelnd erklären kann, zerrt die Mutter ihr Kind beiseite und sagt, nach vorne schauend: »Da guckt man nicht hin!«

Mir geht es schlecht dabei, weil ich meine Antwort schlukken muß, die doch so wichtig gewesen wäre. Ich fühle mich behindert dabei.

Aber ich lasse nicht nach und empfinde es als eine Art Auftrag, stellvertretend für Dich auszudrücken, was Du selbst nicht zu sagen vermagst. Und manchmal wird das auch belohnt!

Ich suche in einem Geschäft nach passender Kleidung für Dich. Pink ist die Farbe, die Dir so gut steht. Es ist unser Bestreben, Dich schick zu kleiden, wobei Anne ein besonderes Mitspracherecht hat. Deine Haare sind inzwischen zu einem beachtlichen Pferdeschwanz gewachsen, mit bunten Spangen und pinkfarbener Rüsche verziert. Auch die kahle Stelle am Hinterkopf ist neuem Haarwuchs gewichen.

Während ich nun in dem Bekleidungsgeschäft nach einer passenden Jeans suche, erblicke ich zwei kleine Jungen, die zu uns herüberschauen und uns grüßen. Den einen kennen wir vom Schwimmen. Er erzählt seinem Freund: »Du, die kenne ich! Die heißt Karin, und die hat zwei Löcher im Herz!«

Ich freue mich über die einfache Natürlichkeit dieser Kinder und denke hoffnungsvoll: »Sie sind es, die die Welt von morgen schaffen!«

Das Urteil

Am frühen Morgen setze ich Dich wie gewohnt zum Frühstück an den Tisch. Ich habe bis dahin noch keine Anzeichen dafür bemerkt, daß es Dir nicht gutgeht.

Du hast den ersten Bissen im Mund, da merkst Du plötzlich selbst, daß ein Anfall bevorsteht. Blitzschnell erhebst Du Dich vom Stuhl, läufst ins Wohnzimmer und legst Dich auf die Couch. Fast hättest Du Dich noch verschluckt. Ich hole Dir den Bissen aus dem Mund, und schon bist Du weggetreten, bläulich und blaß.

Dein Zustand macht mir große Angst, vor allem auch deshalb, weil Deine Anfälle inzwischen mehr auf Kreislaufversagen als auf Sauerstoffmangel hindeuten. Ich frage mich: Was für eine Art von Anfall war das denn nun wieder? Zum Glück erholst Du Dich bald wieder.

Natürlich befrage ich diesbezüglich auch den Professor bei unserem nächsten Besuch. Er zeigt uns auf Ultraschallaufnahmen Dein Herz und seine schlimmen Defekte. Damit will er uns deutlich machen, daß irgendwann Deine Kräfte zu Ende gehen werden – aber darüber höre ich hinweg. Du selbst erholst Dich immer wieder. Das macht uns Mut, weiter mit Dir in Liebe und Dankbarkeit zu leben.

Wir kommen aus der Uniklinik und suchen unser Auto. Dein Orientierungssinn ist bewundernswert. Obwohl ein Auto neben dem anderen steht und das Ende der Blechlawine nicht absehbar ist, findest Du zielsicher unser Auto. Das ist für Dich ja auch wichtig, weil es ein lebensnotwendiges Refugium sein kann. Wir werden wohl nie begreifen, wie groß Deine Angst, Deine Unruhe und Deine Herzschwäche sind, daß sie Dich derart antreiben, eine sichere Sitzgelegenheit zu finden. Dabei hast Du nebenbei auch noch genau im Blick, ob Deine Karre mit eingepackt wird. Auch sie bietet Dir ein wichtiges Stück

Sicherheit. Wenn Du dann schließlich Deine Beine im Schneidersitz anziehst und dazu die Arme verschränkst, willst Du uns damit sagen: »Es ist alles in Ordnung!«

Wenn Anne ihre Hausaufgaben gemacht hat, sucht sie gerne Deine Nähe auf. Ihr sitzt zu zweit in einem Sessel oder liegt auf der Couch. Bei Dir kann sie sich entspannen und Dich gleichermaßen beglücken. Sie wünscht sich sehr, daß auch Du etwas lernst, zeigt Dir Bilderbücher oder liest daraus vor. Dabei geht sie einfach davon aus, daß Du alles verstehst, indem sie Deine Lautäußerungen als verständigen Kommentar einfügt. So kann sie gut damit leben, auf verbale Kommunikation mit Dir verzichten zu müssen.

Du genießt ihre Nähe und nimmst ihre Küßchen gerne an. Immer wieder schafft es Anne, Dich aus Deiner Eigenwelt herauszuholen. Wenn auch anfangs widerwillig, folgst Du doch ihrem beharrlichen Angebot, nach Musik zu tanzen und Dich auf Bewegungsspiele einzulassen.

Du willst plötzlich ausbüxen. Aber Anne läßt Dich nicht! Du willst sie ja keineswegs beleidigen; und so gibst Du darum halb lachend, halb weinend noch ein bißchen zu.

Danach lassen wir Dir Deine Entspannungsphase. Es ist wirklich nicht leicht, Dich zu fordern, ohne Dich zu überfordern!

Deine Kindergartenzeit ist nun vorbei. Du hast dort oft gefehlt. All die vielen Fehltage sind für uns mit Angst um Deine Gesundheit und um Dein Leben verbunden gewesen. Aber Du hast im Kindergarten auch einiges gelernt: Zum Beispiel kannst Du nun selbständig essen und davon, was auf Deinem Teller liegt, auswählen. Geschickt schiebst Du an die Seite, was Dir nicht schmeckt. Doch kauen kannst Du immer noch nicht – und was Dir kauverdächtig erscheint, das läßt Du zurück.

Während ich Dich, mein Engel, fördere und pflege, befaßt sich Dein Papa mit den Briefen des Anwalts, in denen es um Dein Pflegegeld geht. Wir brauchen nun einen Gutachter, der Dir bescheinigt, daß Du letztlich jetzt nicht *mehr* kannst, sondern daß Dir Deine neuen Fertigkeiten auch neue Belastungen, Gefahren und Behinderungen bringen.

Nun soll des Geldes wegen erneut Dein ganzer Gesundheitszustand überprüft werden. Das heißt: lauter unnötige Untersuchungen und Quälereien und eventuell ein neuer Herzkatheter! Das machen wir aber nur unter *einer* Bedingung: daß Dein Herzprofessor, der Dich genau kennt, als Gutachter angefordert wird!

Wir haben Glück. Du mußt Dich nicht erneut all den vielen Prozeduren unterziehen. Dein Herzprofessor schreibt das Gutachten.

Heute ist der wichtige Tag: Das Gerichtsurteil soll verkündet werden! Wir klagen inzwischen nicht mehr nur gegen die Stadt, sondern auch gegen den Kreis. Heute wird entschieden, ob wir entschädigt oder gar »ausgeraubt« werden, indem wir bezahlen müssen. Damit der Kreis nicht zahlen muß, führt man sogar unser Haus ins Spiel. »Sie haben ja auch noch ein Haus«, argumentiert ein Kreisbeauftragter. Dafür hat er vor einiger Zeit sogar unser Haus dreist fotografiert. Doch der

Richter steht auf unserer Seite und billigt uns sogar noch zusätzliche Wohnfläche zu.

Wir gewinnen den Prozeß um das Pflegegeld und haben damit endlich vor der Amtsärztin unsere Ruhe! Nun stehen wir nicht mehr unter dem Druck, ihr noch schlimmere Seiten Deiner Erkrankung zeigen zu müssen, die äußerlich schwer nachzuweisen sind.

Was äußerte sie doch noch einmal bei einem Besuch wegen des Pflegegeldes? »Na ja, wenn sie keine Arme oder Beine hätte, das wäre etwas anderes!«

Darauf fiel Deinem Bruder Ulrich nur ein: »Sollen wir ihr etwa Arme und Beine abhacken?«

Und was sagte sie bei ihrer letzten Untersuchung? »Ich habe schon Schlimmeres gesehen!« – Da stehen einem doch die Haare zu Berge! Gut, daß Du, mein Schatz, darunter nicht leiden mußt, da Du das alles eh nicht verstehst.

Ich unterschätze nicht die schwierige Situation der Ärzte, die Behinderungen nach ihrem Schweregrad einstufen müssen, konstatiere aber dennoch auch hier: Die eigentlichen Behinderten sind wieder einmal die engsten Angehörigen.

Der verwundete Elefant

Nun bist Du schon sieben Jahre alt. Es ergeht an uns die Aufforderung, Dich einzuschulen. Dadurch, daß Du jetzt gehen kannst, brauchst Du mehr Sauerstoff als früher. Dein Kreislauf führt immer mehr über die Lunge, und die Sauerstoffmangelsymptome und Deine Anfälle treten immer öfter auf.

Soeben ist es wieder zu einem schweren Anfall gekommen. Ich bin erschrocken über Deine Krämpfe und gebe Dir schnell Sauerstoff. Du weißt selbst, was Du brauchst, und hältst Dir die Maske vor Mund und Nase.

Ich renne derweil mit weichen Knien zum Telefon und rufe den Arzt. Ich habe große Angst, Dich nicht mehr lebend vorzufinden, wenn ich zurückkomme.

Du hast die Maske fallen gelassen. Ich gebe Dir erneut Sauerstoff. Du bist noch ganz weggetreten, als der Arzt kommt, um Dich mit all seiner Kunst ins Leben zurückzuholen. Noch immer kniet er vor Dir, als Dein Papa von der Arbeit heimkehrt. Gemeinsam bangen wir um Dein Leben.

Gott sei Dank! Du hast es wieder einmal überlebt! Du bist uns wieder neu geschenkt! Ich halte Dich in den Armen und kann mein Glück und meine Erleichterung gar nicht beschreiben!

Dein Arzt bescheinigt Dir, daß es zur Zeit nicht zu verantworten ist, Dich in die Schule (für geistig Behinderte) zu schicken, zumal Du dort bei Anfällen nicht sofort medizinisch versorgt werden kannst.

Als Mutter und Kinderkrankenschwester bin ich sicher eine große Hilfe für Dich. Aber gut geht es mir nicht immer dabei. Wo bleibt mein Eigenleben? Und außerdem weiß ich gar nicht mehr, was ich mir noch alles einfallen lassen soll, um Dich an guten Tagen zu beschäftigen und zu fördern. Da sind dann wieder die Heilpädagogen gefragt. Wenn ich Dich so passiv dasitzen sehe, deprimiert mich das. Ich bin dann total auf Dich fixiert und komme Dir doch nicht näher. Und wenn ich zwischendurch meiner Arbeit nachgehe, quälen mich Schuldgefühle, weil ich mich nicht mit Dir beschäftige.

Meistens entfliehen wir diesem Gefühl des Gelähmtseins mit einem Spaziergang. Begegnen wir dann Bekannten, drehen sich fast alle Gespräche nur um Dein Wohlbefinden. Ich bin gar nicht mehr locker und gelöst.

Trotzdem versuche ich, uns beiden durch unsere Natureindrücke neuen Auftrieb zu geben; denn wenn es Dir gutgeht, geht es auch mir gut. Ich zeige Dir die Blumen und beuge Dich sanft nach unten, damit Du ihren Duft riechen kannst. Ich lasse Deine Hände über die Blätter und Tannennadeln streichen, gebe Dir Tannenzapfen und Zweige in die Hand. Doch heute magst Du das nicht. Du legst sie verstohlen in die Natur zurück oder in das Netz Deiner Karre.

Ich nehme Deine Hand und führe sie an Hecken und Mauern entlang. Du fühlst die Unterschiede. Du streichelst das warme Fell der Katze des Nachbarn. Ich imitiere für Dich die Laute von Katze, Hund und Kuh.

Nun nehme ich Dich aus der Karre und laufe mit Dir mal schnell, mal hüpfend, mal langsam – alles Versuche, Dich aus Deiner Welt des Rückzugs herauszuholen. Langsam schaffen wir es, unsere Lethargie zu überwinden und aus der Natur neue Lebensenergie aufzutanken.

Wenn es Dir gutgeht, mein Schatz, hältst Du ständig neue Überraschungen für mich bereit – wie z. B. in der vergangenen Nacht:

Plötzlich werde ich durch ungewohnte Geräusche wach. Ich stehe auf und sehe nach, was da vor sich geht ... Da erblicke ich Dich, in Deinen Schlafsack gehüllt, wie Du den Küchendrehstuhl den Flur entlangschiebst und gegen das Treppengeländer stößt. Nun bemühst Du Dich, über den Flurteppich hinweg wieder zurück in die Küche zu kommen. Zuvor aber hast Du Durst gehabt, Dir die offene Milchtüte an den Mund gesetzt und überall Milch verschüttet.

Ich bin überrascht und froh zu sehen, was Du so alles schaffen kannst. Was gäbe ich darum, öfter in Dir solchen Aktivitätsdrang fördern zu können!

Der Drehstuhl wird zu einem beliebten Spielzeug für Dich. Wenn Du Dich auf den Sitz legst, schiebst Du ihn mit den Füßen langsam auf seinen Rollen durch die Wohnung. Wenn ich dann »Paß auf!« rufe, hältst Du sogar inne, bevor Du an unsere Möbel stößt. Noch mehr Spaß macht es Dir, Dich auf den Drehstuhl zu setzen und ihn als Karussell zu benutzen, wobei Du Dich an allen möglichen Gegenständen und Personen abstößt, um so Dein Karussell auf Touren zu bringen. Da wird mir schon beim Zuschauen schwindlig!

Heute führt uns unser Spaziergang einen anderen Weg entlang. Wir wollen Deinen Papa von der Arbeit abholen. Da muß ich die Zeit sorgfältig kalkulieren, damit unser kleiner Ausflug nicht zu lang für Dich wird. Unterwegs erzähle ich Dir: »Papa – Auto – komm!« Du schaust Dir die Autos an und erkennst unseres sofort, als Papa angebraust kommt. Du ziehst und zurrst an meiner Hand und reißt Dich dann los und läufst einfach auf die Straße. Dein Papa freut sich sichtlich, uns begrüßen zu können, und Du nicht minder, bist Du doch nun endlich vom Laufen erlöst. Zusammen fahren wir heim.

Dein Herzfehler macht das Laufen für Dich immer anstrengender. Ständig suchst Du nach einer Sitzgelegenheit. Führt unser Weg an der Sparkasse vorbei, ziehst Du mich sofort hinein, weil dort ein Stuhl steht. Immer öfter passiert es, daß Du beim Gehen einen Anfall bekommst oder aber kurz davor stehst. Dein Gesicht wird dann blaß und blau – und wir haben keinen Sauerstoff zur Hand! Ich drücke Dir in dieser Situation die Beinchen fest gegen den Bauch, wie es mir der Herzprofessor geraten hat. Manchmal müssen wir Dich das letzte Stück des Weges tragen. Das ist nicht leicht, denn Du wirst immer schwerer; und wenn ich Angst um Dich habe, fühle ich mich besonders schwach in den Beinen.

Heute sind wir mit dem Auto in die Stadt gefahren, um Dir die bunten Weihnachtsdekorationen zu zeigen, vor allem den künstlichen Weihnachtsmann, der den Kindern in der Straße zunickt. Doch schon nach etwa 100 Schritten brichst Du zusammen! Wir legen Dich schnell auf eine Parkbank. Leute, die Dir helfen wollen, kommen auf uns zugelaufen. Aber was können sie tun, wenn Dein Herz versagt und wir selber hilflos dastehen und warten, bis Du wieder zu Dir kommst? Papa trägt Dich wie einen nassen Sack zum Auto.

Immer öfter nehmen wir nun Deine Karre mit. Darin fühlst Du Dich sicher. Ja, Du erhöhst sogar selbst noch Deine Sicherheit, indem Du eigenständig den Gurt anlegst. Vermutlich willst Du uns damit sagen: »Mach mich sicher!« Deine Arme überkreuzt Du, und Deine Beinchen im Schneidersitz fordern mich auf: »Nun kann es losgehen – egal, wohin und wie lange auch immer!«

Einkaufen macht Dir viel Freude. Wenn Du nur nicht so endlos lange an der Kasse stehen müßtest! Längst können wir Dich nicht mehr in den Kindersitz des Einkaufswagens setzen. Aber Du hast bereits eine andere Möglichkeit entdeckt: Du setzt oder legst Dich einfach auf die Ladefläche darunter (dorthin, wo andere ihre Getränkekisten abstellen) und läßt Dich auf diese Weise durch den Supermarkt kutschieren. Du bist ja so elastisch, daß Dir selbst diese Lage keinerlei Probleme bereitet. Die anderen Käufer mit ihren Kindern schauen

Dir belustigt zu. Einige Kinder versuchen vergeblich, Dir diese Akrobatik nachzumachen.

Nun wollen wir noch ein Schuhgeschäft aufsuchen. Ich schaue umher und suche etwas Passendes für Dich und mich, finde aber nicht, was ich suche. Aber Du hast etwas gefunden, wie ich erst unterwegs feststelle ... Erstaunt erblicke ich einen Elefanten aus Plastik in Deiner Hand. »Wo hast Du *den* denn her?« Mir leuchtet ein: Das kann nur ein Werbemittel des Schuhhauses sein. Gern würde ich ihn mir genauer anschauen, aber Du gibst ihn um keinen Preis her! »Was soll's«, denke ich, »die Freude sei Dir gegönnt!«

Nicht lange hat das gute Stück gehalten, und traurig schaust Du Dir die abgebrochenen Beine an. Weil der Elefant Dir aber so außerordentlich viel bedeutet, repariert ihn Dir Dein Papa. Du bist sichtlich erfreut und untersuchst den verwundeten und geheilten Elefanten von allen Seiten. Was magst Du Dir dabei denken? Wir können immer nur ansatzweise an Deinen Gedanken und Gefühlen teilhaben. Vieles von dem, was in Dir vorgeht, können wir nur erahnen und erraten, vieles bleibt uns verschlossen.

Wir freuen uns
über jeden Tag in Deinem Leben!

In diesem Sommer verbringen wir unseren Urlaub in Todtmoos im Schwarzwald. Es ist der letzte gemeinsame Familienurlaub. Du bist hier das einzige Kind mit einer Behinderung. Wir meinen, daß auch Deine Geschwister etwas miteinander unternehmen und sich austauschen sollten. Diese Gelegenheit haben sie vor allem beim allabendlichen Fußballspiel auf der angrenzenden Wiese. Hier beteiligen sich groß und klein, Eltern und Kinder. Deine Brüder staunen, wie gut und flink der Papa mitspielt. Wir beide schauen dem bunten Treiben aus sicherer Entfernung zu.

Auf unseren Spaziergängen kommen wir an etlichen Wasserstellen vorbei. Aus kunstvoll geschnitzten Baumstämmen fließt das Wasser in einen Trog und verlockt zum Trinken. Nach einigem Üben hast Du gelernt, selbständig zu trinken. Es macht Dir großen Spaß, Deinen Mund unter das fließende Wasser zu halten.

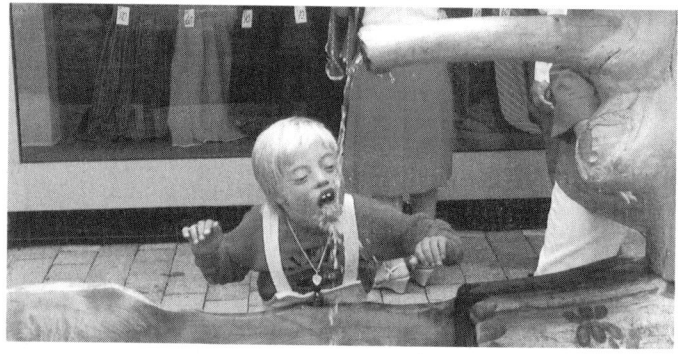

Am 21. Juli 1982, einem sonnigen Sommertag, feiern unsere Zwillinge ihren achten Geburtstag, und zwar im Freien an

116

unserer Freizeithütte auf unserem Grundstück. Wir sind eine große Gruppe.

Deine Zwillingsschwester hat inzwischen eine Freundin, von der man glauben könnte, sie sei ihre Schwester. Sie heißt Elke. Auch sie ist zur Geburtstagsfeier eingeladen. Anne hat zu ihr eine ganz enge Beziehung entwickelt. Fortan machen die beiden fast alles gemeinsam. Zusammen gehen sie ins Bett, auf die Toilette und ins Bad. Weil Elke nachts noch einen Schnuller benutzt, braucht Anne jetzt plötzlich auch einen. Wenn eine von beiden neue Kleidung braucht, wünscht die andere sich das gleiche Kleidungsstück. Beide spielen gleiche Spiele, und beide versuchen sich an den ersten Handarbeiten. Offensichtlich bekommt Anne von Elke, was Du, ihre ungleiche Zwillingsschwester, ihr nicht geben kannst.

An diesem Geburtstag aber bist auch Du Mittelpunkt des Geschehens. Du findest es herrlich, mit vielen Menschen gemeinsam an einem großen Tisch zu sitzen, vorausgesetzt, Du bekommst *das* Essen, das Dir zusagt. Natürlich quälen wir Dich an Deinem persönlichen Feiertag nicht mit trockenem Kuchen. Heute bekommst Du eine große Schüssel Quark und einen Lieblingsjoghurt dazu.

Und natürlich ist unter Deinen Geschenken ein Kuscheltier zu finden. Außerdem erhältst Du noch ein pädagogisches Lernspiel, das Drehbewegungen und Geräusche macht. Es soll Dich dazu motivieren, damit selbständig zu spielen und zu üben.

Während die anderen Kinder ihre Gesellschaftsspiele machen, wollen sie Dich mit einbeziehen; aber Du fühlst Dich unter Druck gesetzt und entziehst Dich ihrer Gemeinschaft. Du entschwindest zur Schaukel, wo Du im Schatten sitzen und den anderen aus einigem Abstand zuschauen kannst. Du freust Dich über die wackelnden Bewegungen der Schaukel und hoffst sicher im stillen, daß Dich jemand anschaukeln wird.

Ja, Du kannst es nur hoffen; denn aussprechen kannst Du Deine Bitte nicht. Gerade wenn viele Kinder da sind, vergessen sie Dich manchmal. Das ist dann keine böse Absicht. Sie nehmen Dich manchmal einfach nicht wahr, da Du Dich nicht bemerkbar machst und nicht auf sie zugehen kannst.

Aber hin und wieder stürmen sie auf Dich zu und wollen am liebsten alle gleichzeitig mit Dir spielen. Du lachst so herzlich und befreiend, wenn Dich jemand anschaukelt! Und manchmal klemmen sich noch ein paar Geburtstagsgäste mehr mit auf die Schaukel. Dann fühlst Du Dich sichtlich glücklich in ihrer Gesellschaft.

Wir versuchen, Dich auch mit anderen Aktivitäten zu erfreuen. Jemand nimmt Dich auf die Schultern und setzt Dich in die leere Pamperskiste hinein. Da hockst Du nun bequem, wie es scheint, in der engen Kiste – und das mit acht Jahren.

Wieder geht ein schöner Tag in Deinem Leben zu Ende. Acht Jahre haben wir nun geschafft – und fünf hatte man Dir nur gegeben! Wir freuen uns über jeden Tag in Deinem Leben!

Bällchenbad und Puddingbauch

Heute habe *ich* einmal einen Termin beim Arzt. Ich nehme Dich mit, und Du schaust mir zu, während mich der Hals-Nasen-Ohren-Arzt behandelt. »Dann sagen Sie mal kräftig ›ah‹!« fordert er mich auf, um meine Nasennebenhöhlen frei zu blasen. Es tut mir nicht weh, aber Dich, mein Engel, hat es furchtbar erschreckt.

Du leidest mit mir und weinst, daß man Deine Mama vermeintlich quält. Doch paradoxerweise machen mich Deine Reaktionen glücklich; denn allzuselten läßt Du Deine Gefühle aus Dir heraus. Ich tröste Dich, und erleichtert verlassen wir beide die Praxis.

Wir machen einen Besuch im Tierpark. Bei fast allen Gelegenheiten haben wir die Erfahrung gemacht, daß Dir Tiere keinerlei Angst machen. Du streichelst das Pony, schaust interessiert dem bellenden Hund zu, ärgerst die kuschelige Katze und würdest die Ziege im Tierpark am liebsten in Deine Karre einsteigen lassen.

Ich nehme Dich aus dem Wagen, denn wenn Du gehst, kannst Du viel intensivere Erfahrungen machen, und ich kann daran teilhaben. Du näherst Dich den Ziegen, von vorne und von hinten. Du willst auf ihnen reiten, doch sie laufen davon. So machst Du Deine eigenen Erfahrungen.

Dein Herzfehler hat sich verschlimmert. Deine Haut wird bei jeder kleinen Belastung blau.

Das Behindertenschwimmen haben wir aus diesem Grunde eingestellt; denn wenn wir nur eine Viertelstunde im Wasser sein können und mir die Angst ständig im Nacken sitzt, hat es keinen Wert. Schade, daß ich Dir diese Freude nicht mehr machen kann!

Wir suchen nach anderen Bewegungsspielen, um Dich zu erfreuen. Da ist das »Bällchenbad« im Freizeitpark. Anne begleitet Dich. Da heißt es: Schuhe ausziehen und rein! Du buddelst Dich immer tiefer, und meine Angst steigt ständig höher. Du siehst schon ganz blau aus und kannst es doch nicht lassen. So müssen wir Dich aus dem Meer der bunten Kugeln herausnehmen, damit Du Dich erholen kannst.

Dann ist da noch die Hüpfburg auf dem Stadtfest. Ich fahre Dich mit Deiner Karre näher heran. Deine Augen lassen nicht ab von den vergnüglich herumtobenden Kindern. Du ziehst Dir selbst die Sandalen aus und hoffst darauf, daß Dich jemand auf die Hüpfburg trägt.

Auf dem schaukelnden Riesenkissen rollst Du vor Freude hin und her und genießt die Auf- und Abbewegungen der spielenden Kinder um Dich herum. Einige der Kinder sind sehr rücksichtsvoll und wollen aufhören, um Dir Platz zu machen. Doch das gefällt Dir nicht. Je mehr Kinder, desto besser! Je mehr Sprünge, desto schöner! Auch hier müssen wir Dir Grenzen setzen. Du selbst würdest Dich zu Tode hüpfen. Zwei der größeren Kinder helfen mir, Dich an den Rand der Hüpfburg zu ziehen.

Auf einem großen Trampolin erleben wir mit Dir das gleiche Vergnügen.

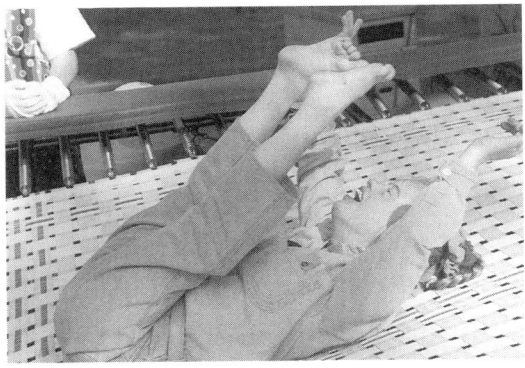

Für Dich ist es immer eine Art Feiertag, wenn alle Geschwister daheim sind. Doch heute ist ein besonderer Feiertag: Es ist Ostern, und draußen lacht die Sonne. Du wirst in diesem Jahr zehn Jahre alt. Den Voraussagen der Ärzte nach sind Deine Stunden und Tage gezählt, doch das haben wir längst verdrängt. Wir freuen uns über jeden Tag, den Du lebst, und nach zahlreichen weiteren kleinen und großen Anfällen freuen wir uns über Dein Weiterleben um so intensiver!

Wir lernen, mit Deinen Anfällen immer besser umzugehen; und manchmal, wenn Du schwer Luft bekommst, weil die ständigen Erkältungen Dich stark beeinträchtigen, gebe ich Dir schon vorsorglich eine kurze Sauerstoffdusche. Dann blühst Du sichtlich auf: Deine bläuliche Haut wird rosig, und die dunkelblaue Farbe Deiner Trommelschlegelfinger (rundliche Auftreibung der Fingerendglieder infolge Sauerstoffmangels) hellt sich auf. Für uns sind Deine Sauerstoffmangelzustände schon fast der Normalfall geworden. Selbst Deine jungen Geschwister wissen, wie sie Dir Erleichterung verschaffen können.

Wir wollen Ostereier suchen. Die erste Suchaktion haben wir bereits hinter uns, bevor Du Deine Morgentoilette und Dein Frühstück beendet hast. Die Frühlingssonne lockt uns nach draußen. Deine Geschwister haben bereits zum zweitenmal Eier für Dich versteckt.

Deine Zwillingsschwester begleitet Dich geschickt bis in die Nähe der Verstecke. Und immer wieder findest Du ein Ei! In einem weiteren Versteck sitzt der Osterhase als Kuscheltier gleich selber drin. Da braucht Dir niemand zu sagen, wem dieses Tier gehört! Schon hast Du ein Vorderbein erwischt und wirbelnd und schleudernd Besitz ergriffen!

Als dann der große Tisch zur Feier des Tages gedeckt ist, liebäugelst Du schon mit dem Pudding. Da muß ich aufpassen, daß Du nicht vorzeitig Platz nimmst und Dich bedienst ...

Gestern hast Du uns alle überrascht: Für den Vortag hatte ich eine große Schüssel Quark angerichtet und gleichzeitig für den Feiertag sieben Schälchen mit Pudding in den Kühlschrank gestellt.

Während wir am Abend alle einen spannenden Film im Fernsehen anschauen, bist Du unbemerkt in die Küche entwichen. Plötzlich ruft Ulrich: »Kommt mal alle und schaut, was Karin gemacht hat!«

Der Kühlschrank steht weit offen, auf dem Küchentisch steht die große Schüssel mit Quark, und drumherum stehen die kleinen Schälchen – alle leer! Du hast Dich selbst bedient und alles verputzt. »Wer hat denn den Kühlschrank geöffnet?« frage ich Dich. »Kannst Du das jetzt schon selber, Karin?« Und liebevoll streichle ich Deinen Puddingbauch.

Neue Erfahrungen

Heute haben wir wieder einen großen, festlich gedeckten Mittagstisch; denn jeder Sonntagmittag ist für Dich ein feierlicher Anlaß. Es lockt Dich, mit dem Essen zu beginnen; doch erst wird gebetet. Wir haben es Dir erfolgreich beigebracht, Deine Händchen zu falten und geduldig abzuwarten, bis das Tischgebet zu Ende gesprochen ist. Bei Tisch bist Du besonders sauber und zeigst auch hier einen ausgesprochenen Ordnungssinn. Daher können wir Dich bereits ohne Bedenken mit ins Restaurant nehmen. Vergnügt schauen wir Dir zu, wenn Dir etwas Essen an den Fingern hängengeblieben ist und Du nun mühsam versuchst, es loszuwerden.

Das Besteck um Deinen Teller herum hat eine bestimmte Anordnung. Manchmal ärgern Dich Deine Geschwister, indem sie diese Ordnung durcheinanderbringen; aber jedesmal legst Du alles wieder an seinen gewohnten Platz.

Das reizt sie, Dich herauszufordern: Ulrich stellt die große Ketchup-Flasche vor Dir auf den Kopf. Du guckst Dir das Spielchen an, in Deinem Kopf arbeitet es, und schon ergreifen Deine Hände die Flasche und stellen sie wieder aufrecht hin.

Nach dem Essen heißt es: Tisch abräumen! Auch Dir wird etwas in die Hand gedrückt, damit Du es in die Küche bringst. Mal ist es eine Schüssel, mal die Ketchup-Flasche, die Du, auf Zehenspitzen stehend, gerade mal eben so nach vielem Üben in den oberen Hängeschrank balancieren kannst, ohne daß sie Dir zurück auf den Kopf fällt.

Solche nützlichen Verrichtungen sind Dir leichter beizubringen als Spielübungen, deren Sinn Dir nicht einleuchtet. So gebe ich Dir dann z. B. auch das Spülmittel in die Hand, und Du füllst es in das Fach der Spülmaschine ein, wobei ich Dich bremsen muß, damit nicht alles über den Rand läuft. Freudig schließt Du die Klappe, stellst anschließend Besteck in die

Maschine, schiebst die Geschirrlade hinein und schließt die große Tür. Ich sehe Dir das Erfolgserlebnis an und freue mich mit Dir.

Immer öfter versuche ich nun, Dich an häuslichen Aufgaben zu beteiligen. Heute morgen darfst Du Möhren reiben. Das machst Du schon deshalb gerne, weil Dir der Möhrensalat besonders gut schmeckt. Auch wenn mir die Arbeit nicht so schnell von der Hand geht, wenn ich Dich daran beteilige, bin ich doch froh, daß ich Dich überhaupt dazu bewegen kann, etwas zu tun.

Beim Staubsaugen reizt Dich schon das Geräusch. Während ich das brummende Gerät hin und her bewege, legst Du Dein Ohr darauf, um so über Deinen Kopf möglichst intensiv die Geräusche und Vibrationen aufzunehmen.

Draußen hilfst Du beim Blumengießen. Mit Wasser umzugehen macht Dir immer sehr viel Spaß. Wenn Dein Papa dann den Rasen mäht, bist Du wieder ganz Ohr und läufst dabei mit ihm herum.

Ich nehme meine Wäsche von der Leine. Da ist es dann ein ganz besonderes Vergnügen für Dich, in dem Korb mit Wäscheklammern so heftig zu wühlen, daß die Klammern nach allen Seiten und vor Papas Rasenmäher fliegen.

Wir beantragen für Dich nun einen Rollstuhl; denn auch wenn Du im Laufe der Jahre im Vergleich zu Anne einen ganzen Kopf kleiner geblieben bist, so bist Du doch auch erheblich gewachsen und benötigst daher dringend eine größere Transportmöglichkeit.

Wir fragen bei der Krankenkasse nach. »Das geht in Ordnung. Wir haben genügend viele Rollstühle von verstorbenen Omas und Opas«, bekomme ich zur Antwort. »Das darf doch nicht wahr sein! Dich kleines, zartes Wesen sollen wir in den Rollstuhl alter Leute setzen?« duchfährt es mich. Du brauchst einen alters- und körpergerechten Stuhl, der auf Deine individuellen Bedürfnisse zugeschnitten ist! Und gut aussehen sollte er noch dazu! Das bist Du uns wert, mein Schatz.

So haben wir uns direkt beim Hersteller einen schönen, bunten Rollstuhl ausgesucht, der Dir mehr bedeutet als anderen ein teurer Mercedes.

Als er angeliefert wird, ist Dir sofort sonnenklar, daß dies Dein Eigentum ist. So viele Familienmitglieder Dir auch vormachen wollen, daß er ihnen gehört – Du nimmst ihn gleich in Beschlag! Du übst damit in der Küche und findest schnell heraus, wie du damit vorankommst. Nur können wir Dich leider nicht Deinem Schicksal überlassen; denn dann würdest Du den nächsten Abhang hinunterstürzen.

Wir freuen uns sehr über den Rollstuhl. Er wird für uns ein wichtiges Hilfsmittel. Dennoch erfahren wir damit auch unsere Grenzen: Um in die Innenstadt zu kommen, müssen wir nämlich mit dem Bus fahren. Der Rollstuhl ist aber in manchen Bussen gar nicht unterzubringen. Außerdem wirst Du immer größer und schwerer. Wenn dennoch alles klappt, ist es trotzdem eine umständliche Prozedur, und wir brauchen dazu andere Menschen, die uns helfen. Erst Dich in den Bus setzen, dann aufpassen, daß Du auch sitzen bleibst, dann den Rollstuhl hinein – und das alles in Eile, weil der Busfahrer seinen Zeitplan einhalten möchte.

Die meisten Menschen sind sehr entgegenkommend und helfen uns gern. Aber als wir heute aussteigen, steht ein älterer Herr an der Haltestelle, der das Dritte Reich noch erlebt hat. Er spricht mich kopfschüttelnd an: »Daß es so etwas heute noch geben muß ...«

Er hat wohlweislich verschluckt, daß Hitler Dich, mein Engel, vergast hätte. Sein Blick sagt alles. Wut steigt in mir hoch, weil ich immer wieder erfahre, daß einige Menschen das Leben Behinderter offensichtlich als wertlos einstufen, obwohl sie keinerlei Beziehung zu ihnen haben. Sie kennen nicht Deinen Wert und Deine Würde, mein Schatz, nicht

Deine Liebe und nicht Deine Seele, und sie können sich nicht vorstellen, welche Freude Du am Leben hast.

Auf dem Rückweg erwischen wir einen Bus, in dem Du mit Deinem Rollstuhl nur knapp im Mittelgang stehen kannst. An der Ampel bremst der Fahrer, und trotz angezogener Fußbremse überschlägt sich Dein Rollstuhl. Panik bricht aus. Doch der Fahrer hält nicht einmal an! Zum Glück ist Dir nichts passiert, mein Schatz! Du hast wirklich einen guten Schutzengel!

An einem anderen Tag wollen wir einmal versuchen, per Bahn mit Dir im Rollstuhl zur nächstgrößeren Stadt, nach Münster, zu fahren.

Das Bahnpersonal ist uns gerne behilflich. Aber daß wir den schmutzigen Frachtenaufzug benutzen müssen, der nur durch lange, düstere Gänge mit viel herumstehendem Gerümpel zu erreichen ist, erscheint mir menschenunwürdig, und ich denke: Das kann man wieder einmal nur mit Behinderten machen!

Beim Ein- und Aussteigen im Zug erfahren wir viel Entgegenkommen. Ein Glück, daß Dein Rollstuhl nicht besonders groß ist! Sonst hätten wir die Fahrt wohl im Gepäckwagen verbringen müssen. Wir versperren zwar den Gang, und die Fahrgäste können links und rechts nicht an uns vorbei; aber was können wir dafür? Für uns war diese Reise wieder einmal eine aufschlußreiche Erfahrung.

In diesem Sommer findet unser erster Auslandsurlaub statt. Es soll nach Bellaria in Italien gehen. Um Unterbringungskosten zu sparen, wollen wir die 1 400 km ohne Hotelübernachtung schaffen. Eigentlich ist das für Deinen Papa kein Problem, weil Autofahren eine Art Hobby für ihn ist. So machen wir uns hoffnungsvoll frühmorgens auf den Weg.

Da das Wetter sommerlich heiß ist, planen wir für Deine Brüder eine Übernachtung auf Luftmatratzen im Freien; wir anderen wollen versuchen, es uns im Auto bequem zu machen und dort hoffentlich auch ein bißchen Schlaf zu finden.

Aber wir haben die Rechnung ohne den Wirt gemacht, denn der Wettergott spielt nicht mit: Regensburg macht seinem Namen alle Ehre. Der Himmel öffnet seine Schleusen, und es gießt und schüttet stundenlang. Aus – der Traum vom Draußenschlafen! Und dann fängt es auch noch an zwei Stellen des Autos an durchzuregnen! Wir bemühen uns, das Wasser mit Plastiktüten abzuhalten.

Wir versuchen es trotzdem mit einem Schläfchen, aber Du wirst immer unruhiger und summst immer lauter vor Dich hin.

Kurz nach Mitternacht setzen wir unsere Fahrt fort. Als wir über den Brennerpaß fahren, genießen wir als kleine Entschädigung für die Anstrengungen der vergangenen Nacht einen prächtigen Sonnenaufgang; und die schlimmen Stunden sind schnell vergessen.

Es scheint wieder ein heißer Tag zu werden. Das spüren wir immer mehr, je weiter der Vormittag voranschreitet. Wir alle schwitzen in unserem vollgepackten Auto. Wir machen uns große Sorgen um Dich, mein Liebling. An jeder Raststätte habe ich nur eins im Sinn: Dich innerlich und äußerlich mit viel Wasser zu erfrischen! In brennender Mittagssonne erreichen wir unser Urlaubsziel – und mir ist schon jetzt klar: Nie wieder Urlaub in Italien mit Dir, mein Kind!

Unser wichtigstes Anliegen ist es in diesen drei Wochen, Dich vor der übermäßigen Sonneneinstrahlung zu schützen. Das ist wahrlich nicht leicht! Die medizinisch verordnete Sonnenbrille nimmst Du Dir in unbeobachteten Momenten immer wieder ab und legst sie blitzschnell ins Netz des Rollstuhls oder sonstwohin.

Die ständige Hitze macht Dich ganz fertig. Ich suche mit Dir Schutz im kühlen Zimmer oder im offenen Meer. Keine Minute kann ich Dich aus den Augen lassen. Die Italiener sind zwar äußerst behindertenfreundlich und bieten sich an, auf Dich mit aufzupassen; aber ich bin unsicher, ob ich diese Hilfe annehmen soll.

Möchte ich mich selbst einmal einen Augenblick unter dem Sonnenschirm am Strand erholen, machst Du Dich auf den Weg zum Meer. In einem unbeobachteten Augenblick hast Du auch noch Deine Brille ins Meer geworfen. Da nutzt kein Suchen. Sie ist für immer weg, denke ich.

Als wir heute morgen beim Frühstück sitzen, besucht uns der »Strandsheriff«, wie wir ihn nennen. Er hat einen Narren an Dir gefressen. Freudig hält er Dir Deine Brille hin, die er bei Ebbe auf dem Strand gefunden hat. Doch Du, mein Sonnenschein, kannst Dich über so etwas nicht freuen.

Als ich eines Tages – die dritte Urlaubswoche ist gerade angebrochen – an Dein Bett komme, sehe ich auf den ersten Blick: Du blutest aus Mund und Nase! Offensichtlich sind Deine Thrombozyten zu niedrig! Ich muß die Dosis der Tabletten erhöhen! Aber dafür habe ich nicht genügend viel von dem Medikament mitgenommen!
Wir suchen einen Arzt auf. Doch er kennt dieses Medikament nicht. Ich vermag ihm nicht zu erklären, worum es geht, da ich kein Italienisch kann. Als rettende Idee fällt mir die lateinische Bezeichnung Deiner Diagnose ein: Thrombozytopenie. Jetzt versteht der Arzt, was Du benötigst! Wir bekommen zwar ein etwas anderes Medikament, aber auch damit ist Dir geholfen.

Unsere Ferien gehen dem Ende entgegen. Auch in diesem Urlaub haben wir wieder viele reizende und hilfsbereite Menschen kennengelernt. Ein Ehepaar aus München bietet uns an, auf der Rückfahrt in seinem Haus zu übernachten. Dieses Angebot nehmen wir an. Wir schieben dort eine Übernachtung und Erholungspause auf der anstrengenden Heimfahrt ein.

Kontaktversuche

Du bist inzwischen zwölf Jahre alt und hast die ärztliche Prognose nun schon um mehr als das Doppelte übertroffen. Doch noch immer nicht gehst Du zur Schule. Von Zeit zu Zeit flattern uns Briefe ins Haus, in denen uns die Schulbehörde auf Deine Schulpflicht hinweist. Erneut müssen dann die Ärzte mit medizinischen Argumenten darauf ablehnend reagieren.

Um Dich aber wird es immer einsamer. Oft frage ich mich, ob wir das Richtige für Dich tun. Die Interessen Deiner Geschwister verändern sich mit zunehmendem Alter; und auch Annes Aufmerksamkeit Dir gegenüber läßt nach. Deine Geschwister wenden sich verstärkt Freunden und Hobbys – vor allem der Musik – zu. Auch wenn sie daheim sind, halten sie sich immer öfter in ihren eigenen Zimmern auf. Natürlich haben sie Dich nicht vergessen. Bei entsprechenden Gelegenheiten versuchen sie gerne, ihre Zuwendung Dir gegenüber nachzuholen.

Du selbst bemerkst alle Veränderungen in Deiner Umgebung sehr genau und gehst auf jedes Familienmitglied individuell ein. Heute hast Du als erste entdeckt, daß sich Dein Bruder Ulrich seinen Bart abrasiert hat, während alle anderen dies noch gar nicht bemerkt hatten.

Während Deine Geschwister ihre Interessen erweitern, brauchst Du immer mehr jüngere Kinder. Das fällt mir bei wiederholten Spaziergängen auf, die uns an unserer Grundschule vorbeiführen. Sehr interessiert bleibst Du stehen und schaust den Kindern nach. Sie wenden sich Dir zu und nehmen Kontakt auf. Ganz bewußt lege ich unsere morgendlichen Spaziergänge daraufhin in die große Pause der Schule.

Nun statte ich gemeinsam mit Dir an einem Nachmittag dem örtlichen Kindergarten einen Besuch ab – auch ein Versuch, Kontakte zu anderen Kindern herzustellen. Doch zu einem richtigen Dialog wird es wohl nie dabei kommen; denn wir müssen uns damit abfinden, daß Du wahrscheinlich nie sprechen wirst.

Wahrscheinlich ist es eine Deiner Aufgaben im Leben, einfach durch Dein Anderssein Menschen zum Nachdenken anzuregen. Das erreichst Du bei kleinen Kindern besonders leicht. Sie fangen an zu überlegen und stellen Fragen. Ich hoffe und glaube: Die Kinder von heute werden einmal diese zur Zeit noch weitgehend behindertenunfreundliche Welt verändern und verbessern!

Manchmal besuchen wir Deine Oma, die inzwischen im Altersheim lebt und nun selbst im Rollstuhl geschoben wird, wenn sie ein bißchen frische Luft bekommen will. Wir haben es uns zur Aufgabe gemacht, sie sonntags zu besuchen und mit Dir und Oma eine »Rollstuhlrallye« in die Eisdiele der Stadt durchzuführen.

Dort angekommen, belohnen wir uns mit einem dicken Eis. Nur Du, mein Schatz, sitzt da ohne Eis und schaust uns zu. Doch mein schlechtes Gewissen will mir einreden, daß ich eine Rabenmutter bin und Dir kein Eis gönne. Und alle Leute scheinen mich verständnislos anzuschauen ...

Mit einem Löffel Eis versucht es immer mal wieder jemand aus unserer Runde, Dich zu ermuntern, an dieser köstlichen Speise Gefallen zu finden. Und wie es bei beharrlichem Üben meistens geschieht, verstehst Du auch heute endlich, worum es geht. Du bekommst Deinen ersten eigenen Eisbecher – und vertilgst Dein Eis so schnell, daß wir um unsere eigenen Becher die Arme legen müssen, damit Du sie Dir nicht blitzschnell schnappst!

Heute ist Sonntag. Du hattest eine besonders gute Nacht und bist schon zeitig eingeschlafen. Das ist ein Ausnahmefall, denn meistens sitzt Du abends noch lange wach im Bett, nachdem Papa und Mama bereits eingeschlafen sind. Oft kannst Du vor Mitternacht keinen Schlaf finden. An Dein lautes »Sprechen« in dieser Phase haben wir uns schon gewöhnt. Es gibt uns sogar ein Gefühl der Sicherheit und zeigt uns, daß Du lebst und daß es Dir gutgeht.

Manchmal aber schläfst Du auch schon früh ein und wirst dann mitten in der Nacht quicklebendig. Dann können wir schwer abschätzen, ob Du genügend Schlaf bekommen hast.

Da Du heute so gut ausgeschlafen bist, möchten wir Dich in die sonntägliche Messe unserer Pfarrgemeinde mitnehmen. Wir haben das schon einige Male probiert, und es klappt immer besser.

Stolz nimmt Dich Deine Zwillingsschwester an die Hand. Wir müssen uns zeitig auf den Weg machen, weil Du langsam gehst und für den kurzen Weg viel Zeit benötigst.

Wenn Du es geschafft hast, den Hin- und Rückweg zu bewältigen und Dich außerdem auch noch unter dem Zwang der gebotenen Stille des Gotteshauses einigermaßen ruhig verhalten hast, dann sind Deine »Hausaufgaben« für heute geschafft – mehr noch: Für Deine Verhältnisse hast Du Schwerstarbeit geleistet.

Die Glocken läuten, und ich merke, wie Deine kleine Hand gegen meine drückt, damit ich den Rückweg anzeigen soll – noch bevor wir den halben Hinweg geschafft haben. Ein Film des nun Folgenden scheint bei Dir abzulaufen. Nur sehr widerwillig gehst Du mit. Noch schlimmer wird es beim Betreten des Kirchengrundstücks. Vergeblich drückst Du in die Richtung, die an der Kirche vorbeiführt.

Doch hier im Gotteshaus darfst Du Dich erst einmal ausruhen. Leise plapperst Du vor Dich hin: »Degge, degge ...« Jeder in Deinem Umkreis horcht auf oder schaut sich nach Dir um. Aha, Karin ist da!

Wir können Dir nicht alles verbieten und auch nicht erwarten, daß Du Dich uns anpaßt. Du fühlst Dich ohnehin hier nicht wohl und weißt nicht, was das Ganze soll. Hier sind viele Leute, und das ist für Dich erst einmal gut. Du schaust Dich mit offenem Mund nach den hinter Dir knienden Gläubigen um. Du lachst sie an, legst Deine Hände und Dein Kinn auf die rückwärtige Betbank und riskierst, daß das dort liegende Gebetbuch auf den Boden fällt.

Meine eigene Hauptaufgabe in dieser Situation ist zu gukken, ob ich Deine Nase putzen muß, und aufzupassen, daß Dein Plappern sich in Grenzen hält. An meine eigene Andacht ist nicht zu denken. Wenn Du mir zu laut wirst, weiß ich mir keinen anderen Rat, als Dich heimlich zu kneifen; wobei ich aufpassen muß, daß Deine Stimmung nicht ins Gegenteil umschlägt. Du bist beleidigt und weinst vor Dich hin. »Hoffentlich weinst Du nicht laut los!« denke ich. Aber das ist nicht Deine Art. Du weinst in Dich hinein.

Wir möchten, daß Du Dich am Gottesdienst wenigstens in der Weise beteiligst, daß Du mit uns das Aufstehen, Sitzen und Stehen übst. Ans Niederknien ist gar nicht zu denken. Es ist schwer für Dich, eine verordnete Haltung einzunehmen. Du wirfst Dich lieber vornüber und nimmst mit den vor Dir sitzenden Gläubigen Kontakt auf. Wende ich meinen Blick von Dir ab, drückst Du schon Dein Kinn an den Rücken Deines Vordermanns, und ich entschuldige mich leise. Die Leute kennen uns schon und nehmen es nicht übel.

Das Schlimmste ist die lange Zeit der Predigt. Abwechselnd nehmen wir Dich auf den Schoß und lenken Dich stillschweigend ab. Es ist eine harte Probe für Dich, denke ich, und doch wird es auch in Deinem Leben viele Situationen geben, wo Du still sein und Dich anpassen mußt. Wir wollen Dich ja so normal wie eben möglich durchs Leben begleiten und dabei doch auch Deine Behinderung berücksichtigen.

Die Predigt hast Du überstanden, doch was war das? Ein »Bäuerchen«! Es riecht nach Deinem Frühstücksjoghurt. »Das geht ja noch!« denke ich. Doch schon guckt mich Deine

Schwester scheu von der Seite her an. Ich denke: »Was war denn nun?« Und schon rieche ich die Duftwolke – diesmal nicht aus Deinem Mund. Du setzt Dich hin, hebst eine Pobakke hoch und bedienst Dich ein zweites Mal. Du lächelst, und es tut Dir sichtlich gut. Beschämt schauen wir nach vorn, und Dein Papa flüstert Dir zu: »Aber Karin!« Und ich frage mich wieder: Wer ist hier jetzt mehr behindert?

Nun geht es zur Kommunion. Ich nehme Dich an die Hand, während wir nach vorne gehen. Du weißt nicht, was das alles soll, aber es sieht für Dich so aus, als ginge es nach Hause. Manchmal gibt Dir der kommunionausteilende Priester ein Kreuzchen auf die Stirn, und wir laufen zurück. Du willst nicht wieder in die Bank. Es reicht Dir jetzt wirklich! Mit Deinen steifen Beinen kriege ich Dich nur äußerst langsam in die Bank zurück. Hinter Dir staut sich die Schlange der frommen Gläubigen. Du weinst in Dich hinein.

Ich setze mich zu Dir, tröste Dich und flüstere Dir ins Ohr: »Karin, wir gehen gleich nach Hause!« Das verstehst Du, und Du freust Dich, lachend und weinend zugleich. Du kannst es gar nicht erwarten, bis die »Sonntagsplage« endlich vorbei ist. Das letzte Lied ertönt; Du drängst hinaus, und es beeindruckt Dich nicht, daß Dich schon beim Hinausgehen etliche Leute loben: »Du warst heute aber lieb!«

Diese Sonntagsstrapazen muten wir Dir nur selten zu; aber unserer Meinung nach ist es auch für Dich wichtig zu üben: Aushalten, Mitmachen, Abwarten, Durchstehen. Außerdem ist es uns wichtig, der Absonderung von Behinderten und ihrer Angehörigen so selbstverständlich wie möglich entgegenzuwirken.

Von Bekannten und Verwandten hören wir immer wieder, wie unsicher sie sich Behinderten gegenüber fühlen. Sie fragen: »Wie sollen wir denn mit Behinderten sprechen? Und wie sollen wir mit ihnen umgehen?«

Wenn sie uns dann dabei zusehen, wie natürlich und selbstverständlich wir Angehörigen mit Dir, mein Liebling, umgehen, hat sich das Problem meist ganz von allein gelöst.

Manchmal kommen die Freunde Deiner Geschwister zu uns. Sie stehen zunächst verunsichert vor Dir. Ganz bewußt setzt vor allem Anne inzwischen ihre Freunde dieser Situation aus; denn längst hat sie die Integration behinderter Menschen in unsere Gesellschaft als ein sehr wichtiges Vorhaben erkannt. Aber wie sollte dies vor sich gehen, wenn nicht durch die Gelegenheit zum Kennenlernen?

Heute früh trete ich an Dein Bett und bekomme einen gewaltigen Schreck: Alles ist blutverschmiert!

Du blutest aus allen Körperöffnungen: aus Nase, Mund und After, und auch Dein Urin ist blutig.

Nach Rücksprache mit Deinem Arzt gebe ich Dir nun ein hochwirksames Medikament, das ich für Notfälle bereitgehalten habe. Die Ursache ist die Verringerung Deiner Thrombozyten, die vor allem im Zusammenhang mit einem schlimmen eitrigen Schnupfen steht. Wie elend mußt Du Dich manchmal fühlen! »Mein Engelchen, ich helfe Dir!« verspreche ich Dir. »Es wird wieder gut!«

Du freust Dich, daß Du nun nach dem Waschen wieder sauber ausschaust und Dich auch so fühlst. Ich schone Dich vor zuviel Anstrengung und lege Dich wieder ins Bett. Du selbst zeigst mir durch Deine Distanz bzw. Nähe, was Du willst und was Dir wichtig ist. Bald hat die Medizin ihre Wirkung getan, und Du fühlst Dich wieder besser.

Und dennoch befällt mich große Angst, wenn ich daran denke, was passieren kann, wenn Du die Schule besuchst, von Mitschülern herumgeschubst wirst und ohne Ende zu bluten beginnst. Oder was passieren kann, wenn Du Dich einer Operation unterziehen mußt oder ein Zahn gezogen wird ... Ich wehre die Gedanken ab, die an mir vorbeiziehen. Wir wollen versuchen, in die Zukunft zu vertrauen. Du selbst munterst uns dazu auf:

Während ich meinen trüben Gedanken nachhänge, rückst Du auf der Couch zu mir herüber und umarmst mich. Was magst Du nun denken und fühlen, das Du nicht in Worte fassen kannst? Ich danke Dir, mein Schatz! Du bist für mich nicht nur ein Anlaß zur Sorge. Du bist auch Segen und höchstes Glück – und das immer wieder! Dein Papa sagt oft: »Nun sieh dir dieses Persönchen an – und die Seele, die daraus schaut!«

Schule und Gesundheitsprobleme

Inzwischen hat sich die Schule für geistig Behinderte wiederholt gemeldet, um Dich aufzunehmen. Ich habe große Einwände. Doch der Rektor hält mir entgegen, nun im Besitz einer Sauerstoffflasche zu sein und auch eine Halbtagskrankenschwester zu beschäftigen.

Ich sehe das Für und Wider. Wer kann Dir so gut helfen wie Deine Mama? Ich sehe aber auch, daß Du außer mir auch noch andere Kontakte brauchst, andere Kinder, eine andere Umgebung und andere Ideen, die Dich fördern. Und ich muß darüber nachdenken, ob ich hier nicht auch selbst ein Problem habe. Vielleicht will ich Dich nicht loslassen und sträube mich deshalb gegen Deine Einschulung?

Wir versuchen es zunächst mit Hausunterricht. Ein Lehrer der Sonderschule kommt für einige Stunden pro Woche zu uns. Er fragt uns, was Du unserer Auffassung nach in erster Linie lernen solltest. Ich sage ihm, daß es uns am wichtigsten erscheint, daß Du mit Deinen 13 Jahren endlich das Kauen lernst.

Das will er Dir nun mit allen Mitteln beibringen. Aber Du sperrst Dich derart dagegen, daß nichts mehr geht. Wenn er fortan an der Haustür schellt, verkriechst Du Dich in die äußersten Winkel Deines Zimmers.

Danach versucht es ein anderer Lehrer, aber diesmal mit Spielen. Das geht schon etwas besser, doch die wenigen Stunden bringen Dir nicht viel.

Da Du Dich in der vergangenen Zeit ein wenig stabilisiert hast, wollen wir nun Deinen Schulbesuch wagen, wenn auch nur für einige Stunden täglich.

Jetzt mußt Du morgens etwas früher aufstehen. Beim Ankleiden dürfen wir nicht mehr so lange schmusen. Dein Brot gebe ich Dir in einem Rucksack mit in die Schule, in der Hoffnung, daß die Pädagogen mit Dir das Kauen üben. Ich ermuntere Dich, Deine Sachen selber in den Rucksack einzupacken. Du bist schnell bereit, den Joghurt hineinzulegen, aber das Brot hättest Du gerne sonstwo versteckt. Ich lege ein Heftchen als Kommunikationsmittel dazu und schreibe alles Wichtige hinein. Das Taxi kommt, um Dich abzuholen. Du liebst das Autofahren. Darum fällt uns beiden der Abschied nicht allzu schwer.

Aber was mache ich nun mit meiner freien Zeit? Du fehlst mir plötzlich. Ich hätte soviel zu tun und stehe doch nur herum. Ich versuche, mir etwas Gutes zu tun, und unternehme einen Stadtbummel. Du fehlst mir. Es ist ungewohnt, Deinen Rollstuhl nicht vor mir herzuschieben. Ich fühle mich irgendwie leer und schutzlos ohne Dich.

Christoph geht neben mir, als wir im Kaufhaus sind. Ich gehe auf den Aufzug zu. »Wo willst Du denn hin?« fragt er verwundert. »Hier ist doch die Rolltreppe!« Ach ja, die Rolltreppe! Die Gewohnheit ...

Mir scheint, mein Schatz, Du freust Dich schon auf die morgendliche Taxifahrt. Du setzt Dich auf den Drehstuhl der Küche oder auf die Flurtreppe, in dem Wissen, daß Du gleich abgeholt wirst. Auch in der Schule fühlst Du Dich meistens wohl.

Besonders Turnen aller Art macht Dir Spaß. Im Bällchenbad, auf dem Trampolin und auf dem Luftkissen sowie bei allem, was mit Bewegung, Schaukeln und Musik zu tun hat, bist Du in Deinem Element. Dort in der Schule gibt es für Dich neue und andere Möglichkeiten, die Dich aktivieren und die ich Dir nicht bieten kann. Doch auch dort brauchst Du besondere Aufsicht, damit Du Dich nicht selbst überforderst.

Heute bist Du aus Deiner Klasse verschwunden. Überall hat man Dich in der architektonisch verschachtelten Schule gesucht. Gefunden haben sie Dich schließlich in der Küche –

beim Essen aus einer Riesenschüssel Quark, die für die ganze Schule bestimmt war!

Heute komme ich in die Klasse, um zu schauen, wie Du Dich in der Schule eingelebt hast.

Da sitzt Du allein in der Ecke des Raumes auf dem Boden und schaukelst stereotyp Dein »Vor und Zurück«. Die Finger scheuerst Du an den Zähnen, die Fingernägel sind bereits abgeschliffen. Ich frage mich, wie lange das schon so gehen mag.

Auf einmal bist Du, obwohl schwerstbehindert, wieder ein leichter Fall; denn Du sagst nichts, meldest Dich nicht und sitzt geduldig an Deinem Platz. Aber wo bleibt die Förderung? Schule ist doch keine Verwahranstalt! Ich finde die Kinder in der Klasse ohne Lehrkraft vor. Die großen Kinder laufen über Tische und Stühle. Da kommt plötzlich mit errötetem Kopf die gestreßte Lehrerin mit einem Schüler herein, den sie soeben in der Toilette gewickelt hat. Sie tut mir leid. Trotzdem nehme ich Dich enttäuscht an die Hand und fahre mit Dir heim.

Ich berichte dem Taxifahrer, was ich gesehen habe. Er erzählt mir, daß er Dich beim Heimholen oft vom kalten Boden außerhalb des Schulgebäudes aufnimmt. Wegen Deiner Herzbelastung kannst Du nicht so lange stehen. Du setzt Dich dann einfach hin; aber keiner scheint das zu beachten, und keiner kommt auf die Idee, Dir einen Stuhl hinzustellen.

Jetzt werde ich »ungemütlich«, beschwere mich, trommle andere Eltern zusammen und lasse mich in den Elternbeirat wählen, um Einfluß zu nehmen. Es geht um Dich, mein Kind, und da kann man nicht genug tun. Ich empfinde, daß gerade Kinder wie Du und viele Schwerstbehinderte zu kurz kommen, weil für Eure Förderung zu wenig Personal vorhanden ist. Ich fordere für Dich besondere Therapie durch Motopädie, Gymnastik und Logopädie, damit Dir eine bessere Einzel-

140

förderung zuteil wird. Aber ein Logopäde steht Dir nicht zu. Und selbst in einer Praxis für Logopädie kann man mit Dir nicht viel anfangen. Und was stand in Deinem Arztbericht? »Eine Sprachentwicklungsbehandlung kann versucht werden, allerdings erscheint Erfolg fraglich.« Was aber fraglich erscheint, das läßt man fallen, aus Mangel an Fachpersonal.

Doch weil Du nicht ausdrücken kannst, was Du empfindest, werden Deine verbalen Laute immer stärker. Hilflos fragend stehe ich vor Dir: »Karin, was willst Du mir denn sagen?« Ich fühle Deinen Schmerz, denn »Deine Seele hat immer schon gesprochen«.

Du kommst von der Schule mit dem Taxi nach Hause und steigst weinend und schimpfend aus. Ich versuche, Dich zu trösten. Wenig später setze ich Dich zur Entspannung auf die Couch. Aber Du weinst bitterlich vor Dich hin. Ich finde schnell heraus, ob Dein Schmerz physischer oder psychischer Natur ist. Alles habe ich abgetastet und Dich auf die Toilette gesetzt, um auszuschließen, daß Dir körperlich etwas weh tut. Irgend etwas aus der Schule scheint Dir in Erinnerung zu kommen. Ich tröste Dich und frage: »Wer hat Dir weh getan, mein Engelchen? Du bist doch sonst so lebensfroh!« Aber ich erfahre nichts, und die Lehrer haben auch keine Erklärung.

Eines Morgens hole ich Dich aus dem Bett, aber Du sträubst Dich, zur Schule zu gehen. Noch sehe ich keinen Grund, Dir nachzugeben, und bestehe auf dem täglichen Ablauf. Du hast ein wenig gefrühstückt, und ich packe Dir Dein Pausenbrot ein. Während Du sonst immer schnell auf Deinem Drehstuhl Platz nimmst und wartend nach dem Taxi schaust, ziehst Du Dich heute in Dein Zimmer zurück. Du weigerst Dich, zum Taxi zu gehen.

Na ja, dann bleiben wir eben hier! Es wird schon seinen Grund haben. Du sollst Dich wohl fühlen, das ist das Wichtigste. Wir beide machen uns einen schönen Tag. Seit einiger Zeit haben wir ein hübsches blaues Tandem, das uns nach einigem Hin und Her die Krankenkasse bezahlt hat. Die Räder sind etwas kleiner als gewöhnlich, aber mit der Gangschaltung kann ich die Belastung beim Treten und die Geschwindigkeit gut beeinflussen.

Wir müssen uns und vor allem Dich natürlich erst an dieses Rad gewöhnen. Wie ein kleines Kind unsicher ist, wenn es beginnt, aufs Rad zu steigen, so ergeht es auch Dir. Ich denke: »Das lernst Du nie!«, so groß ist Deine Angst. Aber Übung macht den Meister.

Anfangs klappt es nur, wenn uns noch jemand hilft, der das Rad mit der Hand hält und stabilisiert, damit sich Deine Angst in Grenzen hält. Währenddessen schnalle ich Dich an einer Halterung hinter Deinem Rücken an, damit Du nicht umfällst. Deine Füße müssen zusätzlich anfangs angeschnallt werden, bis Du gelernt hast, sie auf den Pedalen zu lassen.

Täglich trainieren wir, und immer sicherer werden wir beide. Zwischendurch habe ich allerdings auch einen Sturz mit Dir erlebt. Das hat Dich ein wenig zurückgeworfen, doch mittlerweile hast Du wieder neues Vertrauen gewonnen.

Heute beschließen wir, mit der ganzen Familie eine Radtour zu machen. Seitdem wir Dein Tandem haben, ist das endlich möglich. Du freust Dich sehr darüber und Deine Geschwister auch. Interessiert schaust Du den vor und hinter Dir Fahrenden zu. Wenn es der Verkehr erlaubt, fährt auch mal jemand von uns neben Dir her, um Dir die Hand zu reichen, an Deinem Pferdeschwanz zu ziehen oder sonst irgendwelche Zeichen von Freude mitzuteilen.

Manchmal möchtest Du auch auf dem Tandem Deine Schaukelbewegungen fortsetzen, vielleicht als Ausdruck großen Vertrauens; aber das lassen wir nicht zu. Auch versuchst Du, Dich in die Seite zu legen. Das erschwert die Fahrt und Sicherheit erheblich. Durch ständige Ermahnungen wie »Nein, Karin!« lernst Du es jedoch, Dich auf dem Rad ruhig zu verhalten. Schließlich hast Du mit Deinen 13 Jahren schon Dein Gewicht!

Für Dich mitzutreten, das ist besonders, wenn es bergauf geht, nicht leicht. Wenn wir mit der ganzen Familie so dahinradeln, erwecken wir die Aufmerksamkeit anderer Menschen, die uns staunend und lächelnd grüßen.

Einige Zeit später halte ich Dich erneut für mehrere Tage von der Schule fern, weil es Dir wegen ständiger Infekte nicht gutgeht. Doch dann erlauben es uns Deine Gesundheit und das Wetter wieder, eine Tandemfahrt über Wald- und Feldwege zu unternehmen. Dein Vertrauen, daß wir nicht umfallen, ist inzwischen so groß, daß Du sogar freudig reagierst, wenn wir über Stock und Stein und durch Schlaglöcher dahinholpern.

Ich schmettere fröhliche Lieder aus mir heraus und befreie mich und Dich auf diese Weise von allem Frust und allen Sorgen der letzten Zeit. Du summst auf Deine Art mit. Ich spüre wieder einmal, wie nah wir einander in unseren Stimmungen sind.

Deine häufigen Infekte führen uns zu Deinem HNO-Arzt, der dringend eine Operation empfiehlt. Die Polypen sollen Dir entfernt werden. Gleichzeitig sollen »Tympanonröhrchen« in die Ohren eingeführt werden. Du bekommst schwer Luft, und Dein Herz wird dadurch stark belastet. Mit Deinem Papa diskutiere ich, ob wir der Operation zustimmen sollen.

Ich meine, wir sollten es tun, um Dir Erleichterung zu verschaffen. Schließlich findet es der HNO-Arzt verantwortungslos von uns, wenn wir es *nicht* machen lassen. Außerdem erscheint mir Dein Herz zur Zeit vergleichsweise stabil. Dein Papa hingegen ist sehr ängstlich und gibt mir zu bedenken: »Wenn sie es *nicht* übersteht, geben wir uns dann gegenseitig die Schuld?«

Wir entscheiden uns dafür, die Verantwortung dem Herzprofessor zu überlassen.

Der Operationstermin steht an, und wir warten in der HNO-Klinik auf die Beurteilung des Kardiologen. Gott sei Dank verstehst Du nicht, was hier abläuft, aber ganz wohl ist Dir auch nicht dabei, denn die ganze Atmosphäre läßt nichts Gutes ahnen.

Doch der Narkosearzt lehnt nach Einsicht Deiner Krankenunterlagen den Eingriff ab. Ein anderer Kollege der Klinik will es dann ambulant bei Lokalanästhesie machen, doch da spiele ich nicht mit. Du würdest nie mehr einem Arzt trauen oder gar vor Angst und Schrecken auf der Stelle sterben. So fahren wir unverrichteter Dinge wieder heim, erleichtert, daß andere uns die schwere Entscheidung abgenommen haben. Wir hoffen, daß Dein Körper sich selbst rettet.

Einen besonders dringlichen Appell richten wir in einem Schreiben an die Lehrer der Schule, jetzt noch besser auf Dich achtzugeben, um Dich vor erneuten Erkältungen zu schützen. Nun darfst Du während der Pausen in einer Hängematte liegen. Darüber freust Du Dich sehr. Eigentlich können wir ja zufrieden sein, daß Dein Körper trotz Deines Herzfehlers insgesamt relativ gesund und widerstandsfähig ist. Du brauchtest bisher keine Operation, nicht einmal eine Zahnbehandlung. Obwohl Deine Zähne nach dem Durchbruch der bleibenden Zähne anfangs zweireihig standen und die Milchzähne erst später mit meiner Lockerungshilfe nach und nach ausfielen, sind sie dank guter Pflege gesund und fest.

Aber Du hast immer noch nicht gelernt, daß man damit kauen kann. Eher würdest Du Dich verschlucken. Noch immer drückst Du das breiige Essen mit der Zunge zurück. Vielleicht lernst Du das Kauen, wenn ich Dir zerkleinerte Spaghetti serviere? Nudeln sind ja Dein Leibgericht.

Du strengst Dich beim Essen sehr an. Die Nudeln rutschen in Deinem Mund hin und her und rauf und runter. Ein Ende ist nicht abzusehen. Du stopfst trotzdem nach und lachst und schaust mich hilfesuchend an.

Dir ist eher zum Weinen zumute. Wenn es nur nicht so gut schmecken würde! Aber Du schaffst es, sie zu zerkleinern. Dein Mund und Deine Zähne arbeiten mit.

Körperlich bist Du inzwischen mit Deinen nunmehr fast 16 Jahren gut entwickelt, auch wenn Du noch immer mehr als einen Kopf kleiner bist als Deine Zwillingsschwester. Aber auf Deinen Busen kann Anne nur neidisch blicken. Doch Du weißt nicht, was das soll, plötzlich noch ein Wäschestück mehr anziehen zu müssen. Du fühlst Dich mit dem BH eingeengt und wehrst Dich zunächst, ihn zu tragen.

Dann ist da auch noch die Bescherung mit der Regel. Du bist ja in jeder Hinsicht so sauberkeitsliebend – und dann auch das noch! Bei der jährlichen Untersuchung werden wir darauf hingewiesen, daß sich mit Deiner Menstruation Deine Blutungsneigung steigern könnte. Aber diese Befürchtung hat sich zum Glück nicht bewahrheitet.

Dennoch mache ich mir viele Gedanken um Deine schwache Gesundheit und um Deine Zukunft. Manchmal meine ich, alle Last ruhe nur auf meinen Schultern. So fühle ich mich oft allein gelassen mit all meinen Sorgen. Ich habe es nicht gelernt und nicht geübt, meine belastenden Gefühle Deinem Papa anzuvertrauen. Vielleicht steckt immer noch die Angst dahinter, er könnte wieder mit dem Trinken anfangen. So glaube ich immer noch, die Starke sein zu müssen. Dabei trinkt er doch schon seit zehn Jahren nicht mehr und ist so lieb zu uns allen!

Aber wohin mit meinem Frust, wenn es *mir* nicht gutgeht? Dann kommt es schon einmal vor, daß Du darunter leiden mußt und die »Strafe« abbekommst – so wie heute:

Ich hätte mich mit Deinem Papa auseinandersetzen müssen, aber ich habe meinen Groll an Dir ausgelassen. Ich habe Dich vor mir hergeschubst, während ich Dich im Bad versorgt habe, und auf dem Weg zurück in Dein Zimmer habe ich mich nicht anders verhalten. Du bist so mitfühlend und spürst, daß ich unberechtigterweise meinen Zorn an Dir ablasse – doch Du wehrst Dich nicht, und dann fühle ich mich doppelt schuldig.

Ich setze mich zu Dir aufs Bett. Traurigkeit überfällt mich. Ich muß Dich um Verzeihung bitten, mein Schatz. Ich brauche Dir nicht zu sagen, was mich bedrückt. Du spürst, daß es mir nicht gutgeht, ziehst mich an Dich und hältst mir liebevoll und schützend Deine Hand unter mein Kinn.

Heute ist Dein 16. Geburtstag. Während Anne am kommenden Wochenende mit ihren Mitschülern feiert, laden wir die Freunde und Freundinnen aus Deiner Schulklasse zu uns nach Hause ein. Wir wollen miteinander frühstücken und haben auf unserer großen Terrasse alles festlich vorbereitet.

Mit einem VW-Bus und zwei PKWs kommen die Lehrer mit den Schülern zeitig vorgefahren. Alle begrüßen Dich besonders herzlich und gratulieren Dir. Die Schüler und Schülerinnen sind geistig mehr oder weniger behindert; zwei haben ihren Rollstuhl dabei.

Hier erlebe ich wieder, wie sehr sich geistig behinderte Kinder schon über Kleinigkeiten freuen können. Für jedes der Kinder haben wir etwas Süßes auf den Teller gelegt; und das gemeinsame Frühstück unter freiem Himmel ist für alle ein Erlebnis.

Danach kommt der spannendste Teil: das gemeinsame Geburtstagsgeschenk für Karin. Es handelt sich um eine Tonkassette mit einem von der Lehrerin zusammen mit den Kindern einstudierten Lied, das nun für Dich abgespielt wird. Jedes der Kinder singt auf seine Weise begeistert mit und klatscht dazu in die Hände. Du strahlst über das ganze Gesicht, und ich merke, daß Du dieses Lied schon öfter gehört hast.

Nun machen wir noch einige Spiele. Das alles war dann auch genug für Dein krankes Herz. Du bist zufrieden.

Du bist ein
ganz besonderer Mensch!

Wir wollen einen Bekannten besuchen, der Alkoholiker ist und eine Entziehungskur macht, um mit ihm ein hilfreiches Gespräch zu führen. Vielen Betroffenen und ihren Familien konnten wir in all den Jahren, seit Dein Papa abstinent lebt, schon helfen. Dir ist es gleich, wohin wir fahren. Deine Augen kontrollieren vor der Abfahrt den Bereich vor der Garage. Sobald sie entdeckt haben, daß Dein Rollstuhl mitfährt, ist für Dich alles in Ordnung.

Als wir in den Parkanlagen der Klinik spazierengehen, um uns mit unserem Bekannten zu unterhalten, entdecken wir einen Spielplatz. Während die Männer an der Turnstange ihr Können unter Beweis stellen, staunen sie, wie Du zartes Mädchen in Klimmzügen Deine Bauchmuskeln trainierst. Aber auf der wackligen Holzbrücke überkommt Dich die Angst, und Du setzt Dich einfach hin. Nur tragend kannst Du noch von der Stelle bewegt werden.

Nun verbringst Du, mein Schatz, erneut einen Sommerurlaub in einer Freizeitgruppe, an der behinderte und nichtbehinderte Kinder teilnehmen. Veranstalter ist das Bundessozialwerk. Während im vergangenen Jahr auch Anne betreut wurde, kann sie in diesen Ferien schon selbst in die Reihe der Jugendlichen und Studenten eingereiht werden, die als Betreuer Verantwortung übernehmen.

Du selbst bekommst Einzelbetreuung von einer erfahrenen Krankenschwester und hast auch noch Anne stets in greifbarer Nähe. Außerdem ist ein Arzt mitgefahren. Die gute Betreuung ist uns Eltern sehr wichtig; denn es beruhigt mich zu wissen, daß Dich ständig jemand im Auge behält. Zusätzlich begleitet Dich auf allen Wegen die Sauerstoffflasche im Netz Deines Rollstuhls.

So können Mama und Papa derweil drei schöne Wochen bei Deinem Bruder Erik in Berlin verbringen und sich einmal richtig erholen.

Heute feiert Ihr, liebe Karin und liebe Anne, Euren 18. Geburtstag. Vom Alter her bist Du nun volljährig; und Deine Geschwister nehmen es ein wenig scherzend zur Kenntnis. Aber wir haben es ja längst aufgegeben, Vergleiche anzustellen. Mit Deinen 34 kg und Schuhgröße 30 bist Du eh nirgends einzuordnen. Du bist nun einmal ein ganz besonderer Mensch!

Süß und schön findet Dich jeder, der Dich ein wenig kennengelernt hat. Außerdem sind wir oft erstaunt, wie selbstbewußt Du zeigst, was Dir guttut und was Du willst, aber auch, was Dir schadet und was Du daher nicht willst – alles Dinge, die unsere Gesellschaft einer schwer geistig behinderten Person oft nicht zutraut. Deshalb werden ja auch so häufig Entscheidungen über die Köpfe dieser Menschen hinweg getroffen.

Wer sich von uns darauf einläßt und sich bei Dir anlehnen kann, der darf auch erfahren, daß Du sogar Trost spenden kannst und daß dazu noch nicht einmal die Sprache notwendig ist.

Anne hat inzwischen einen Freund. Sie möchte sich und uns gegenüber ihre Volljährigkeit dadurch unterstreichen, daß sie ihren Geburtstag gemeinsam mit ihrem Freund bei Erik in Berlin feiert.

Wir Eltern machen uns mit Dir einen schönen Tag und denken darüber nach, was für Dich Volljährigkeit und Selbstbestimmung bedeuten. Vom Gesetz her brauchst Du nun eine Betreuungsperson (früher Vormund genannt), die bei wichtigen Entscheidungen wie z. B. Operationen zu Rate gezogen wird und unterschriftsberechtigt ist. Ich entschließe mich, umgehend diesen Antrag zu stellen; denn uns Eltern kommt nicht automatisch diese Rolle zu.

Während wir über Dein bisheriges Leben nachsinnen, wird uns so recht bewußt, was uns in dieser Zeit alles an Gefühlen bewegt hat – Freud und Leid, Liebe, Vertrauen und auch Ängste.

Wir fragen uns, welchen Sinn und welche Aufgabe Dein Leben für Dich selbst, für Deine Angehörigen oder gar für unsere Gesellschaft insgesamt hat. Wie oft nenne ich Dich

»mein Engel«! Das kann kein Zufall sein; denn ein »Engel« hat immer eine Aufgabe! Werden wir diese Aufgabe in ihrer ganzen Größe und Bedeutung jemals in diesem Leben erfassen können? Sicher ist: Du hältst als Mittelpunkt unsere ganze Familie wie ein unsichtbares Band zusammen. Auch wenn Du stets zwischen Deinen Eltern stehst und wir als Ehepaar manchmal zu kurz kommen, hast gerade Du einen bedeutenden Beitrag zu unserer Bindung beigesteuert; und ich denke, daß Du ein wichtiger Grund dafür bist, daß Dein Papa seine Alkoholsucht überwinden konnte.

Deine Brüder Erik und Christoph haben inzwischen das Elternhaus verlassen und stehen auf eigenen Füßen. Du freust Dich sehr, wenn sie zu Besuch kommen und Du mit ihnen die alten, vertrauten Spiele erleben kannst.

Auch Deine Zwillingsschwester muß sich beruflich orientieren. Sie will Erzieherin oder Heilpädagogin werden. Wen wundert es? Durch den vertrauten Umgang mit Dir und vielen anderen Behinderten hat sich bei ihr dieser Berufswunsch entwickelt.

Wenn der Ernst des Lebens dann Deine Geschwister fordert, wird ihnen vielleicht hin und wieder Annes Satz einfallen: »Ich finde, die Karin hat auf ihre Art ein ganz schönes Leben!«

Aber natürlich sehen sie auch Deine Belastung durch den schweren Herzfehler und die Todesängste auf allen Seiten, und dann tust Du uns so leid! Machtlos stehen wir vor Deiner Herzschwäche.

Je mehr nun Deine Geschwister ihren eigenen Weg gehen, desto mehr sind es wieder Mama und Papa, die ständig um Dich herum sind. Wir machen uns Gedanken, wie wir dennoch unsere Freiräume behalten. Dein Papa ist Gruppen- und Gesamtverantwortlicher für zwölf Selbsthilfegruppen am Ort.

Ich gebe meine Arbeit im Nachtdienst auf, weil Du mich immer mehr brauchst. Trotzdem nutze ich jede Gelegenheit für die Pflege meiner Bekanntschaften, besuche Kurse und gehe meinen Hobbys – z. B. Basteln, Schwimmen, Yoga und Malen –, soweit es möglich ist, nach. Außerdem engagiere ich mich in der Behindertenarbeit in der Schule.

Auch wenn wir jederzeit damit rechnen müssen, daß Du Dich einmal viel zu früh von uns verabschiedest, so wollen wir dennoch so mit Dir zusammen in der Gegenwart leben, als läge eine gute Zukunft vor Dir und uns.

Dein Papa und ich überlegen, ob wir, langfristig gesehen, eine Ablösung von Dir vollziehen können, indem wir Dich irgendwann in einer Wohngemeinschaft für Behinderte mit guten Betreuern in der Nähe unterbringen.

Dabei ist uns bewußt, daß *uns* die Ablösung von Dir weit schwerer fällt als umgekehrt.

Damit jedoch der Neubau der so dringend notwendigen Wohngemeinschaft für geistig Behinderte vorangebracht wird, lassen wir Dich auf eine Antragsliste setzen, um irgendwann für Dich einen Platz finden zu können. Wohl ist uns allerdings nicht dabei, und wir beruhigen uns damit, daß das alles ja auch noch in weiter Ferne liegt. Wichtig ist vor allem, daß damit bei uns selbst ein wichtiger *innerer* Ablösungsprozeß eingeleitet wird.

Brücken
der Verständigung

Zusammen mit anderen Eltern behinderter Kinder engagiere ich mich dafür, daß endlich zugunsten Behinderter positive Veränderungen in Gang gesetzt werden – in der Freizeit, in der Schule und im Berufsleben. Es ist nicht leicht, das alles neben Deiner Pflege zu bewältigen. Aber eines ist mir vor allem durch die Selbsthilfegruppen der Alkoholiker und ihrer Angehörigen klargeworden: Die Betroffenen selbst sind es, die auf ihre Umgebung zugehen müssen! Sonst erzielen wir keine Veränderungen!

Doch ist das neben unseren ohnehin schweren Belastungen überhaupt zu leisten? Vielleicht sind diese Schwierigkeiten auch der Grund dafür, weshalb sich die von mir ins Leben gerufene Elterngruppe mehrfachbehinderter Kinder bald wieder aufgelöst hat. Eltern dieser Kinder bekommen selten Hilfe, wenn sie selbst einmal ausgehen wollen. Und dann kommt noch hinzu, daß es betroffenen Eltern oft besonders schwerfällt, sich selbst einmal etwas Gutes zu tun!

So wage auch ich es meist nur bei dringenden Anlässen (wie Arztbesuch, Beerdigung und dergleichen), mir eine Hilfe zu besorgen. Aber allmählich zeigt sich, daß sich immer mehr Menschen bereit finden, eine behinderte Person zu betreuen. Langsam entwickelt sich auch in unserer Stadt (wo sich in der Vergangenheit überwiegend enge Angehörige um Behinderte gekümmert haben) eine richtige »Beratungsstelle für Menschen mit Behinderungen und deren Angehörige«.

So verändert sich langsam das Bild der Behinderten in unserer Gesellschaft. Immer häufiger sehe ich vor allem junge Betreuer, die ihre Freizeit oder ihren Zivildienst einsetzen, um sich für Behinderte zu engagieren. Ich sehe sie in Cafés, Restaurants, Einkaufszonen oder einfach beim Spaziergang. Ich weiß aber auch um die schwere Arbeit, die sie mit bettlägerigen Menschen auf sich nehmen; und ich weiß, wieviel Freude sie den Betreuten bereiten und welche wertvollen Freundschaften hier zuweilen entstehen.

Wenn ich daran denke, daß geistig behinderte Menschen früher versteckt wurden und unter »ihresgleichen«, wie Deine Oma es formulierte, in Anstalten vor sich hinvegetierten, und wenn ich daran denke, daß »lebensunwertes Leben« unter Hitler sogar vernichtet wurde, dann wird mir ganz schlecht! Um so mehr freut es mich, wenn ich heute sehe, wie selbstverständlich gerade viele junge Menschen mit Dir, mein Engel, und mit anderen Behinderten in Kontakt treten!

Auch Anne ist es ein Bedürfnis geworden, in ihrer Freizeit gelegentlich behinderte Kinder kennenzulernen und zu betreuen. Sie ist erstaunt, in wie vielen Hinsichten deren Verhalten mit Deinem vergleichbar ist – und doch bleibt jedes Kind mit einer geistigen Behinderung ein ganz besonderes Kind.

Bei der Betreuung anderer Kinder erfährt nun auch Anne, wie unsicher viele Menschen bei der Begegnung mit geistig Behinderten sind. Aber sie hat schon viel gelernt. Sie baut den Verunsicherten Brücken und bindet sie auf ihre Art mit in die Betreuung ein.

Während sie z. B. mit Alexander, einem autistischen Jungen, im Café sitzt, bittet sie eine Tischnachbarin, kurz auf ihn aufzupassen, während sie zur Toilette geht. Niemand kann Anne eine solche Bitte abschlagen; dafür ist sie zu charmant. Nach anfänglicher Verunsicherung trauen sich die Menschen dann, Obacht zu geben und eventuell mit dem Jungen in Kontakt zu treten. So machen beide Seiten ihre eigenen wichtigen Erfahrungen. Anne leistet damit ihren ganz individuellen kleinen Beitrag zur Integration (geistig) Behinderter im Freizeitbereich.

Wir wissen, mein Kind, daß wir Dich nie in eine Schule außer der für geistig Behinderte integrieren können. Dennoch ist es das Anliegen vieler Eltern von behinderten Kindern, diese in Regelschulen unterrichten zu lassen. Dieses Vorhaben möchte ich unterstützen, weil es für alle Beteiligten Vorteile bringen kann. Aber auch hier bekommen Antragsteller immer wieder Absagen von Schulen und Behörden. Dabei haben sich die Ängste der Eltern nichtbehinderter Kinder, daß ihre Kinder zu kurz kommen könnten, als unberechtigt erwiesen. Das Sozialverhalten der nichtbehinderten Schüler allerdings verändert sich bei integrativer Beschulung in aller Regel in erfreulicher Weise.

Aber wie sieht es im Berufsleben aus? Arbeitgeber kaufen sich frei von der Aufgabe, Behinderte einzustellen und am Arbeitsplatz zu integrieren. Was wird einmal aus Dir, mein Schatz? Bestenfalls wirst Du in einer Wohngruppe für Behinderte zusammen mit anderen Schwerstbehinderten betreut. Du wirst in keiner Weise Arbeit leisten können, und die, die es können, müssen Dich mit durchziehen, und das meist für 120,– bis 240,– DM Monatslohn.

Dabei erbringen einige behinderte Menschen enorme Leistungen. Das habe ich mit eigenen Augen in einer Werkstatt für Behinderte gesehen.

Ich denke z. B. an Bernd. Bernd ist Spastiker, sitzt im Rollstuhl, ist geistig normal entwickelt, aber in seinen Bewegungsabläufen verlangsamt. Er träumt von einem guten Job und von einer Freundin. Er wird enorm gefördert, um später einen Arbeitsplatz zu finden. Dafür verzichtet er auf viele Freuden im Freizeitbereich. Mit seinen Geschichtskenntnissen macht er sämtlichen Lehrern etwas vor.

Aber welche Chancen hat er später wirklich in einer von Geld und Hektik geprägten Ellbogengesellschaft? Überall stoßen Behinderte trotz Förderung an immer neue Grenzen.

So wird es Bernd – sollte er in einer Werkstatt für Behinderte Beschäftigung finden – sicherlich besonders schmerzen, daß seine nichtbehinderten Freunde, wenn sie im Beruf erfolgreich sind, ein Vielfaches seines lächerlichen Verdienstes erhalten. Außerdem dürfen diese kreativ tätig sein, während er den ganzen Tag z. B. Staubtücher falten oder Etiketten aufkleben muß – und das bei seiner Intelligenz!

Wie schwer tut sich doch unsere Gesellschaft auch im Arbeitsleben mit der Integration Behinderter! Wenn ich Dich, meinen behinderten Liebling, so anschaue, habe ich einen großen Wunsch für Dich:

Das wünsche ich sehr,
daß immer einer bei Dir wär',
der lacht und spricht:
Fürchte Dich nicht!

Sind wir wieder soweit?

Alles, was der Mensch in seinem Leben verdrängt,
holt ihn später verstärkt wieder ein!

Wir schreiben das Jahr 1992. Ich habe mich im Laufe der letzten Jahre darin geübt, nicht mehr allzusehr auf Dich, liebe Karin, fixiert zu sein. Wir alle haben gelernt, mit Deinen Anfällen umzugehen.

Die Hoffnungen und Erwartungen, die ich in die Schule gesetzt habe – daß Pädagogen Dich besser als wir fördern, so daß Du noch einiges dazulernst – haben sich allerdings nicht erfüllt. Du bist nun 18 Jahre, und wir sind schon zufrieden, wenn Du Dich in der Schule wohl fühlst und Dich darauf freust.

Verstärkt bin ich trotz der Ängste um Dein Leben darauf bedacht, eigenen Interessen und Hobbys nachzugehen, die nichts mit Behinderung zu tun haben.

In einem dieser Kurse lerne ich viele Frauen aus meiner Altersgruppe kennen, die in einer Zeit zunehmender Ausländerfeindlichkeit Äußerungen von sich geben, die mich im Hinblick auf Behinderte sehr nachdenklich stimmen. Sie loben das vermeintlich Positive der Hitlerzeit, der Zeit, »in der es noch Recht und Ordnung gab«, »als die Deutschen noch überschaubar waren« und »als noch jeder seinen Arbeitsplatz und seine Wohnung hatte«.

Manche drücken es noch offener aus: »Die Ausländer nehmen uns und unseren Kindern die Arbeitsplätze weg!«

Ich denke, daß einige Jugendliche die Gedanken ihrer Elterngeneration in der heutigen Zeit in die Tat umsetzen. Mit Brandanschlägen und Gewalttaten greifen sie zu rechtsradikalen Mitteln und schreiben ihren Haß an Häuser und Wände: »Ausländer raus!«

Diese Feindseligkeit – die vielleicht aus Ängsten entstanden ist, jemand wolle uns etwas wegnehmen – schlägt sich auch vermehrt in Gewalt gegenüber wehrlosen Behinderten nieder. Ich habe die Äußerung gehört: »Wenn Eltern schon ihre behinderten Kinder austragen und großziehen wollen, dann bitte nicht auf Staatskosten!« Ich bin überzeugt, daß gegenüber solchen Äußerungen unsere Zivilcourage gefordert ist! Wehret den Anfängen, damit sich die schlimmen Zeiten nicht wiederholen!

In unserer Stadt soll mit einer Lichterkette verdeutlicht werden, daß sich die Menschen mit Ausländern solidarisieren wollen. Viele unserer Bekannten schließen sich dieser Demonstration an. Nicht nur unser besonderer Freund »Tapsie« aus Burkina Faso in Afrika, den wir beim Schwimmen kennengelernt haben, geht selbstverständlich mit, sondern auch wir schließen uns mit Dir und Deinen behinderten Mitschülern und Mitschülerinnen dieser Aktion an. Auf einem Schild demonstrieren wir: »Ausländer bereichern auch!« Und wie sehr gilt das doch auch für Behinderte wie Dich, mein Liebling!

Mit dem folgenden Leserbrief möchte ich in dieser Zeit der Gewalt und der Brandanschläge auf Randgruppen meinen persönlichen Beitrag leisten und die Öffentlichkeit sensibilisieren:

Behinderte:
Wieder verstecken?

Immer wieder stehe ich sprachlos mit meiner geistig behinderten Tochter hilflos verunsicherten Menschen gegenüber, deren Sprüche mir zu denken geben: »Daß es so etwas heute noch geben muß!« – »So ein Kind bekomme ich nie!« – »Behinderte bringen Familien auseinander!« – »Schrecklich, so etwas!« – »Man weiß nicht, was für sie besser ist ...«

Alles Aussagen, die mir gegenüber geäußert wurden. Wer weiß aber, was noch alles unausgesprochen in den Köpfen spukt!

Auch Hitlers Euthanasiebefehl lautete, unheilbar Kranken und geistig Behinderten den »Gnadentod« zu gewähren! Vergleicht man diese Sprüche, dann fragt man sich: Sind wir wieder soweit?

Ich mag es nicht glauben und hoffe, daß solches »Mitleidsdenken« eher ein Zeichen von Unsicherheit und Unwissenheit ist. Doch das muß geändert werden, wollen wir nicht, daß uns die NS-Zeit wieder einholt; denn alles wiederholt sich im Leben – wenn es nicht bearbeitet wird. Das Lebensrecht Behinderter darf nicht in Frage gestellt werden. Wir müssen daher wachsam bleiben.

Sonst häufen sich Vorfälle wie die des Richterurteils kürzlich in Flensburg, das den Anblick Schwerstbehinderter im Speisesaal eines Hotels in Gegenwart Nichtbehinderter als ekelerregend und unzumutbar einstufte. Fazit: Wir müssen bald, wie in der Nazizeit, unsere Behinderten wieder verstecken, statt auf Integration hoffen zu können ...

Verunsicherungen gegenüber Behinderten aber können nur abgebaut werden durch Sich-Trauen. Nur wer wirklich auf Behinderte zugeht, sich auf sie einläßt, mit ihnen lebt oder sie betreut, der weiß auch, daß Behinderte sehr viel geben können und daß *sie* es nicht sind, die Familien zerrütten, sondern daß sie diese eher zusammenbinden. Der weiß auch, daß gerade geistig Behinderte oft sehr viel mehr Lebensmut und Lebensfreude haben als Nichtbehinderte.

Nach welchen Kriterien also beurteilen wir menschliches Leben? Und was ist denn das für eine Gesellschaft, die alle sozialen Probleme (etwa beim Zusammenleben mit Ausländern und Behinderten usw.) beiseite schieben möchte, weil sie diese Menschen als eigene Behinderung erlebt? Ausländer z. B. bereichern auch, ist meine Erfahrung.

Heute früh ging ich mit meiner behinderten Tochter an der Ems entlang. Im allgemeinen liegt es uns Deutschen nicht, unbekannte Spaziergänger zu grüßen. Es war ein Ausländer, der stehenblieb und uns sehr freundlich mit »Guten Morgen, guten Morgen!« begrüßte.

Manchmal höre ich auch andere gutgemeinte Sprüche: »Heute wird doch schon viel für Behinderte getan.« Und ich denke: »Wenn alle wüßten, was noch dringend getan werden müßte ...« Aber mit Geld kann man nicht alles erreichen. Besonders menschliche Hilfe und Zuwendung sind gefragt!

Wie kann man nun mit geistig behinderten Menschen in Kontakt treten? Alle in unserer Gesellschaft, besonders aber Kindergärten, Schulen, Gruppen, Vereine und Verbände müssen sich mehr Gedanken machen, wie sie auch geistig Behinderte integrieren können. Einbeziehen statt Ausgrenzen!

Familienentlastender Dienst ist dringend notwendig. Stundenweise Hilfe kann schon eine Entlastung für die Familie und Integration des Behinderten bedeuten. Wer wirklich bemüht ist, das egoistische Bild unserer Gesellschaft zu verändern, und eigene Bereicherung erleben möchte, hat viele Möglichkeiten, mit Behinderten in Kontakt zu treten.

Sprechen Sie doch einfach einmal eine Familie mit Behinderten in Ihrer Nachbarschaft an, und fragen Sie, was ihnen wirklich hilft. Sie werden erleben: Geben ist immer noch seliger als Nehmen!

Else Wiegard

Ja, durch Dich, mein Engel, stoße ich immer wieder auf Menschen, die aus totaler Unkenntnis und Verunsicherung Aussprüche tun, die ich als gedankenlos und beleidigend empfinde. Ich nehme es ihnen jedoch nicht übel und weiß nicht, ob ich mich in ihrer Situation nicht ähnlich verhalten würde.

Nun bin ich aber mit Dir in einer besonderen Lage, und ich sehe es als meine Aufgabe an, Information und Integration voranzutreiben, damit sich weder Abtreibung behinderten Lebens als Folge der Genforschung durchsetzt, noch Euthanasie wie in Hitlers Zeit wiederholt. Hitlers Umgang mit behindertem Leben hat unser Volk »erfolgreich« verdrängt. Heute drohen neue Methoden der Selektion in wertes und unwertes Leben. Gerade wir Eltern behinderter Kinder, finde ich, müssen daran interessiert sein, daß die Öffentlichkeit für dieses Thema sensibilisiert wird.

Wenn ich mir anschaue, wie Deine Augen ausstrahlen, was Du sagen möchtest, aber nicht aussprechen kannst, und wenn ich mir vorstelle, welchen Ängsten wir mit Dir vor 50 Jahren ausgesetzt gewesen wären, als man Dich uns gewaltsam entrissen hätte, weil Hitler und seine Gefolgschaft »besser wußten«, welches Leben lebenswert ist ... Ich kann es nicht weiterdenken, es ist nicht zu ertragen! Diese Nöte und Schmerzen aber mußten unzählige Menschen durchleiden.

Ich halte es für wichtig, auch noch Jahrzehnte nach dem Ende des Zweiten Weltkrieges daran zu erinnern, daß seinerzeit 200 000 Menschen wegen geistiger Behinderung umgebracht, mindestens 400 000 Menschen zwangssterilisiert und Tausende zu menschenverachtenden medizinischen Experimenten mißbraucht wurden. Stätten des braunen Terrors, z. B. der Tiergarten 4 in Berlin, von wo aus die Euthanasieaktion organisiert wurde, mahnen uns, diese Verbrechen nie zu vergessen, damit sich so etwas nicht wiederholt.

Eine Besuchergruppe aus den Niederlanden besichtigte kürzlich die Werkstätten für Behinderte und deren Wohnheime in Osnabrück und fragte dabei: »Und wo sind eure *alten* Behinderten?«

Die betroffene Antwort war: »Wir haben kaum alte Behinderte. Nur wenige behinderte Kinder haben das Dritte Reich überlebt.«

Es ist heute nicht nur das Mitleidsdenken in unserer Gesellschaft, das die Sorge nährt, Betroffene und ihre Familien könnten wieder Ähnliches erleben. Es ist besonders auch das kostenorientierte Denken in Zeiten leerer Kassen.

Was wäre geschehen, mein Liebling, wenn zahlreiche »Fachleute« mich zu einer Abtreibung (über die ja immer unter Zeitdruck zu entscheiden ist) überredet hätten? Du hättest all das Schöne und Bunte in Deinem Leben nicht erfahren, und wir hätten das Erlebnis eines besonderen Menschen mit all seiner positiven Ausstrahlung nicht gehabt – vielleicht aber dafür einen Haufen Schuldgefühle.

Als Du geboren wurdest, gab es die Amniozentese (Fruchtwasseruntersuchung) nur in Einzelfällen. Somit bin ich dieser Belastung während der ganzen Zeit meiner Schwangerschaft entgangen und konnte mich dafür neun Monate auf Dich freuen. Heute aber lastet auf so mancher Frau ein ungeheurer Entscheidungsdruck.

Ich beklage, daß heute viele Menschen – und besonders »Fachleute« – behinderten Menschen ihren Wert und ihr Lebensrecht absprechen. Heutige Gynäkologen sehen es als ihre Pflicht an, Schwangeren über 30 zur Amniozentese zu raten. Doch so kann erst recht eine große Belastung bei den Frauen ausgelöst werden, da die Ärzte ihnen die Chance nehmen, sich dem Leben vertrauensvoll zuzuwenden.

Wir beide, liebe Karin, und alle, die Dich und andere Behinderte kennengelernt haben, wissen es wirklich besser, wie lebenswert gerade Euer Leben ist.

Ich frage mich: Was haben diejenigen für ein Menschenbild, die dafür argumentieren, behindertes Leben abzutreiben? Gehören Schwächen und Beeinträchtigungen nicht zur Menschenwürde zwingend dazu? Schwäche ist doch kein Makel, und Stärke ist keine Grundlage für ein ganzes Leben.

Im Umgang mit der Gentechnologie kommen eugenische Gedanken immer öfter zum Vorschein. Ein Beispiel ist die Aussage des Philosophen Peter Senger, daß die Tötung eines behinderten Säuglings moralisch nicht mit der Tötung eines nichtbehinderten Kindes gleichzusetzen sei. Sehr oft, meint er,

162

sei es überhaupt kein Unrecht. Spinnt man diese Gedanken weiter, sind wir Mütter von behinderten Kindern selbst schuld, daß wir behindertes Leben ausgetragen haben. So erklärt sich auch der Ausspruch: »Sollen sie doch auch die Kosten selber tragen!«

Ich frage mich auch: Was sind wir für eine Gesellschaft, daß wir allem Leiden – vor allem, was den Beginn und das Ende des Lebens angeht – ein Ende setzen wollen, weil wir nicht bereit sind, über den Sinn dieser Befindlichkeiten nachzudenken? Auch wenn die Krankheit, die Behinderung oder der Sterbeprozeß vornehmlich die andere Person betrifft, vermag der Mitleidende oft nicht auszuhalten, was ihn schmerzt, und möchte dem ein Ende setzen.

Nähern wir uns da nicht wieder eugenischen Gedanken und den Vorgängen im Dritten Reich, die wir bislang so erfolgreich verdrängt haben?

Wir müssen aber den Weg durch den Schmerz gehen, wollen wir das Leid, die Trauer, das Sterben und das Leben mit schweren Behinderungen verarbeiten und daran reifen.

Wenn ich auch die Einzelentscheidung eines Menschen respektiere, wehre ich mich doch vor allem gegen jeden Druck seitens der Gesellschaft und der Fachleute; denn so werden Einzelentscheidungen erschwert.

Ich erfahre immer öfter: Der Mensch ist sich selbst zur Frage geworden. Unter uns ist umstritten und fragwürdig, was Menschenwürde eigentlich bedeutet, was sie kennzeichnet, wem wir sie verdanken und wer deshalb Verfügungsrecht darüber hat.

Mir ist wichtig, für Dich, mein liebes Kind, Sprachrohr zu sein, weil Du selbst Deine Interessen nicht sprachlich vertreten kannst. Im Umgang mit anderen Behinderten stelle ich jedoch

immer wieder fest, daß viele von ihnen sehr wohl mit sogenannten Nichtbehinderten in Kontakt treten und sich ihnen
gut mitteilen können. Allerdings brauchen sie angesichts ihrer
Unterschiedlichkeit auch unterschiedliche Hilfen und Betreuung. Eine schon erwachsene Frau mit geistiger Behinderung
(Eva Kunzmann) drückte sich im Rahmen einer Veranstaltung
im baden-württembergischen Landtag so aus:

»Viele Menschen wissen nichts über Behinderung und denken daher nicht daran, daß jemand Hilfe braucht. Es ist schlimm für uns, daß sie manchmal so gedankenlos sind.

So auch, wenn geistig behinderte Menschen in der Öffentlichkeit mit Du angesprochen werden.

Wir sind genausoviel wert wie nichtbehinderte Menschen. Auch, wenn wir nicht soviel leisten können. Aber jeder strengt sich an und gibt das, was er kann.

Und in den Werkstätten kann man sehen, wie gut und wieviel wir arbeiten können, auch ganz komplizierte Arbeiten. Leider verdienen wir dabei sehr wenig Geld.

Auch in der Freizeit wollen wir mit Respekt behandelt werden. Wenn man uns selbständig werden läßt, brauchen wir weni-ger Hilfe. Das kostet weniger Geld.

Wenn man selbständig ist, traut man sich auch mehr zu, in der Gesellschaft zu arbeiten und zu leben.

Wir versuchen, unter uns normal miteinander umzugehen und einander zu verstehen. Das wünschen wir uns auch von den nichtbehinderten Menschen.

Wir glauben, daß wir in erster Linie Menschen sind und dann erst behindert. Wir glauben nicht, daß es eine Schande ist, behindert zu sein, weil wir nichts für unsere Behinderung können: Behinderung kann jedem passieren.

Behinderte denken und fühlen wie andere Menschen auch. Auch wir genießen unser Leben und haben gute Fähigkeiten. Und manchmal kommen einem die normalen Menschen viel behinderter vor.«

Heute stirbst Du,
heute lebst Du!

Nun habe ich Dich wegen Deiner Herzschwäche und einem grippalen Infekt schon wieder einige Tage lang von der Schule ferngehalten. Du verpaßt nichts Wichtiges, Du sollst Dich in Ruhe erholen, mein Schatz!

Da es Dir langsam etwas bessergeht, möchte ich am Nachmittag mit Dir einige Schritte laufen, um Dich wieder ein wenig zu belasten. Können wir es wagen, einmal die kurze Tour um den Häuserblock zu machen? Die Sonne lacht und ermutigt uns dazu. Behutsam gehe ich mit Dir und beobachte, ob ich eine Veränderung an Dir bemerke.

Plötzlich bleibst Du stehen und willst getragen werden. Du weißt, daß ich das wegen meiner Rückenerkrankung längst nicht mehr kann. »Karin, ein bißchen noch!« mache ich Dir Mut. Doch an der Ecke brichst Du zusammen.

Eine Schülerin kommt vorbei. Ich flehe sie an: »Bitte, hol schnell den Rollstuhl aus unserer Garage!« Sie rennt los. Doch ich habe gewaltige Angst, daß Dein Leben zu Ende geht. Ich schleppe Dich über die Straße zur Frau unseres Zahnarztes im Haus gegenüber und klingele an ihrer Tür. Es dauert eine Ewigkeit, bis sie öffnet.

Ich flehe auch sie an: »Fahr mich schnell mit ihr nach Hause!« Ich trage Dich – Du bist bewußtlos – ins Auto. Du bist so schwer! Und ich bin aus Angst um Dein Leben so schwach! Meine Beine schlottern unter meinem Körper. Wir brausen los, halten dann aber noch am Privathaus eines Arztes, um seine Hilfe in Anspruch zu nehmen. Er kommt sofort mit und trägt Dich rasch in unsere Wohnung. Schnell den Sauerstoff herbei! Und schnell den Hausarzt anrufen! Wir haben Glück: Der Hausarzt kommt im Nu, beatmet Dich weiter und hört Dein

Herz ab. »Lieber Gott, bitte schenk sie uns zurück!« bete ich flehentlich.

Langsam kehrst Du ins Leben zurück. Dein Papa kommt von der Arbeit und Anne von der Schule heim. Noch immer kniet Dein Hausarzt vor Dir. Wir alle stehen um Dich herum. Todesangst, Dank, Freude und bange Fragen wechseln einander ab. Wieweit können wir Dich fortan noch belasten? Wir müssen nun noch vorsichtiger sein!

Doch wie bisher immer, gewinnst Du bald neue Kraft. Wir trauen uns, Dich wieder in die Schule zu schicken. Aber das geht nicht lange gut ...

Heute hast Du einen freien Nachmittag. Ich fahre mit Dir im Auto in die Stadt. Deinen Rollstuhl habe ich mitgenommen, aber weil wir einen günstig gelegenen Parkplatz finden, lasse ich ihn im Kofferraum unseres Wagens.

Ich habe Dir noch nicht einmal 400 Meter Wegstrecke zugemutet, um gezielt einen Bilderrahmen zu kaufen, da läufst Du bereits mit steifen Beinen neben mir her. Du kannst und willst nicht mehr weitergehen; doch ich erkenne nicht, daß es Dir zu anstrengend wird. Im Laden angekommen, schimpfst Du Deinen Ärger aus Dir heraus – so laut und heftig, wie ich es noch nie bei Dir erlebt habe. Alle Leute starren uns an. In aller Deutlichkeit und mit letzter Kraft scheinst Du mir sagen zu wollen: »Tu das nie wieder! Nimm mich nie wieder ohne Rollstuhl mit auf den Weg!« Die ganze Sache ist mir sehr nahegegangen; und es tut mir so leid, daß ich Dich überfordert habe.

Noch ahne ich nicht, daß gestern Dein letzter Schultag war. Wegen einer Mittelohrentzündung muß ich Dich nun erneut zu Hause behalten. Deine Zwillingsschwester kann wegen eines grippalen Infekts auch nicht zur Schule gehen. Wie schon oft zuvor in ähnlichen Situationen, wirst Du wieder einmal mit Antibiotika behandelt. Langsam geht es Dir etwas besser.

Im Abstand von wenigen Wochen hast Du wieder zwei Herzattacken, aber jedesmal erholst Du Dich schnell. Es ist ein Leben zwischen Tod und neuer Geburt, ein Wechselbad der Gefühle, wenn ich erlebe, wie nah der Tod dem Leben und das Leben dem Tod ist. Heute stirbst Du – heute lebst Du ...

Lange habe ich am frühen Morgen überlegt, ob ich Dich nach Deiner Mittelohrentzündung wieder zur Schule schicken kann. Immer wenn ich vor solchen Entscheidungen stehe, überlasse ich es Deiner gut für sich sprechenden Natur. Ich gehe zur Weckzeit an Dein Bett, begrüße Dich und nehme kritisch Deinen Zustand in Augenschein.

Vehement stößt Du mich mit beiden Händen zurück. Diese Geste zeigt mir eindeutig, daß Du Dich nicht wohl fühlst und noch nicht zur Schule gehen *kannst*. Was verpaßt Du auch schon dadurch? Im Zweifelsfall lasse ich Dich zu Hause. Meinen Tagesplan stelle ich dann eben darauf ein.

Nachdem Du gefrühstückt hast, lasse ich zu Deiner großen Freude das Badewasser ein. Du planschst lustig drauf los, und ich muß Dich ermahnen: »Karin, nicht so doll! Es ist ja schon alles ganz naß!«

Nach einiger Zeit nehme ich Dich aus der Wanne und setze Dich zum Abtrocknen und Ankleiden auf die Toilette. Doch Dein linkes Bein unterliegt nicht mehr Deinem Willen. Du streckst es von Dir. Beunruhigt sehe ich mir das an und denke zunächst an eine Verrenkung Deines Beines als Folge Deiner Aktivitäten in der Badewanne. Ich stelle Dich aufrecht hin. Deine Beine gehorchen Dir nicht mehr, und Du sackst in Dich zusammen. Dein Kopf fällt nach hinten. Erschrocken lege ich Dich auf den Boden. Dein Leben entweicht sichtlich aus Deinem kleinen Körper!

Ich rufe, so laut ich kann, Deine Schwester Anne herbei, die wegen ihres grippalen Infekts noch im Bett liegt. »Hilfe! Anne!

Schnell den Sauerstoff und den Arzt!« Diesen Schrei aus Angst um Dein Leben wird Anne ihr Leben lang nicht vergessen.

Ich massiere Deinen Brustkorb und beatme Dich. Anne reicht mir die Sauerstoffflasche. Aber Du kommst nicht zu Dir! Ich schreie:»Herrgott, gib sie uns zurück! Das darf doch nicht wahr sein!«

Auf dem kalten Boden des Bades kannst Du nicht splitternackt liegenbleiben. Ich schleppe Deinen leblos baumelnden Körper, der mir jetzt doppelt so schwer erscheint, durch den Flur auf das Bett Deines Zimmers, gebe Dir weiter Sauerstoff und rufe Anne zu: »Hol den Unfallarzt, und hol Papa von der Arbeit!«

Auch Anne weint nun laut schreiend: »Karin! Karin!« Sie deckt Dich warm zu. Nichts kann ich mehr tun, außer beim Beatmen zuzuschauen, wie Du röchelnd bei Schnappatmung von uns gehst.

Nun wird Dein Körper ganz blau, und ich sage zu Anne: »Anne, ich glaube, jetzt ist es aus! Wir kriegen sie nicht zurück!«

Trotzdem lasse ich nicht nach, Dich zu beatmen. Anne schiebt mir einen Stuhl zu. Ich schaue gewohnheitsmäßig auf die Uhr, um die Todeszeit festzuhalten, wie bei so vielen Verstorbenen, denen ich zur Seite gestanden habe: 10.30 Uhr. Nichts tut sich mehr. Die Bläue geht in Totenblässe über. Dennoch gebe ich nicht auf, Dich zu beatmen – nicht bevor Dein Papa und die Ärzte da sind, denke ich. Die Sauerstoffzufuhr habe ich längst auf den Höchstwert eingestellt. Immer noch hoffe ich, daß meine Wiederbelebungsversuche Erfolg haben werden.

Da – ganz langsam – spüre ich: Deine Atmung setzt ein! Ich wage es kaum zu glauben, wie Dein Leben unter meinen Händen zurückkehrt – ein unbeschreibliches Gefühl! Dein

Brustkorb ist noch durch die mangelhafte Durchblutung ungleichmäßig verfärbt. Der Arzt kommt, horcht Dich ab und stellt fest: »Sie lebt wieder!« Auch der Unfallarzt ist eingetroffen.

Da unklar ist, ob Deine Atmung sich stabilisieren wird, entschließe ich mich für eine Kurzunterbringung auf der Intensivstation des nächstgelegenen Krankenhauses.

Alles mögliche geht mir derweil durch den Kopf: Beerdigung! – Wie wird überhaupt alles werden, wenn Du nicht mehr lebst? – Dein Papa ist immer noch nicht erreichbar! – Er ist in der Krankenkasse, um für die Genehmigung einer Kur für Dich zu kämpfen.

Wir fahren im Rettungswagen ins Krankenhaus. Ich bleibe während der Fahrt an Deiner Seite, und Dein Papa, der gerade eingetroffen ist, fährt in seinem Auto hinter uns her. Unterwegs wird Dir, mein Schatz, weiter Sauerstoff zugeführt, eine erste Infusion angelegt, Du erhältst Spritzen, und beruhigend rede ich Dir zu, während das laute Martinshorn uns den Weg frei macht.

Auf der Intensivstation angekommen, stehen die Krankenschwestern bereit, Dich in Empfang zu nehmen, und eine fragt mich: »Ist sie mongoloid?« Eine andere schiebt mich mit zurechtweisenden Worten zur Seite: »Sie müssen aber zurückbleiben!«

Aber sie hat die Rechnung ohne mich gemacht. Ich antworte energisch: »Nur über meine Leiche! Ich bin Krankenschwester und auch Kinderkrankenschwester, und ich bin schließlich die Mutter!« Das hat gewirkt, und niemand wagt es, mir zu widersprechen. Drei Stunden lang bleibe ich bei Dir, mein Schatz.

Die Wirkung der Spritzen, die Dich in tiefen Schlaf versetzt haben, scheint nachzulassen. Weinend kommst Du langsam zu Dir und schaust Dir den Raum an. Bedrohlich scheint er auf Dich zu wirken; und mißbilligend musterst Du die vielen

Schläuche und Elektroden an Deinem Körper. Sie stören Dich ganz offensichtlich.

Doch jetzt freue ich mich vor allem erst einmal, daß Du mir bejahend zunickst, weil ich bei Dir bin und weil Du wohl merkst, daß Körper und Geist bei Dir allmählich wieder zu ihrem Einklang finden. Dein Papa und Anne treten ins Zimmer. Auch ihnen nickst Du zu. Wer könnte beschreiben, was wir empfinden? Wir alle fühlen uns wie neu geboren. Erleichterung, Glücksgefühle und übergroße Freude durchströmen uns. Das haben wir wieder einmal überstanden!

Einige Stunden lang bleibst Du noch zur Beobachtung in der Klinik. Dann fahren wir mit dem Rollstuhl an Dein Krankenbett, um Dich mit nach Hause zu nehmen. »Sie sind selbst die beste Ärztin Ihrer Tochter!« sagt mir die Ärztin der Intensivstation beim Abschied. »Heute ist uns Karin wieder neu geboren. Gott sei Dank!« antworte ich glücklich.

Doch wir haben uns zu früh gefreut. Rein äußerlich bist Du wieder die gleiche. Du machst Dir selber den Fernseher an, setzt Dich in den Sessel und sprichst in Deiner Sprache einige Laute. Schade, daß Du uns nicht mitteilen kannst, wie es Dir wirklich geht! Was hast Du heute früh empfunden – bei der Wiederbelebung, im Unfallwagen, im Krankenhaus?

Ich bin froh und doch besorgt zugleich. Die Frage, was für eine Art von Anfall das heute war, treibt mich ans Telefon, zu einem Gespräch mit Deinem Herzprofessor. Wir machen einen ambulanten Termin aus, zu dem es aber nicht mehr kommen wird.

Nun ißt Du mit Appetit Deine Abendmahlzeit und gehst in meiner Begleitung zur Toilette. Wie gewohnt setze ich mich nach dem abendlichen Waschen auf den Toilettensitz, nehme Dich auf den Schoß, und wir schmusen, danken und freuen uns in Anbetracht dessen, was uns allen heute widerfahren ist.

Doch nur einige Schritte bist Du in Richtung Deines Zimmers gelaufen, da versagen erneut Deine Beine. Du sackst zusammen. Wieder schleppe ich Deinen bewußtlosen Körper auf Dein Bett und beatme Dich erneut.

Die Sauerstoffflaschen versagen! Die Notärzte haben sie am Morgen zu fest zugedreht! Auch das noch! Ich rufe einen Nachbarn herbei, und er hilft mir, sie zu öffnen. Dein Papa ist nicht da. Er ist – beruhigt, daß es Dir wieder bessergeht – zu seinem Malkurs gefahren.

Während ich Dir den Sauerstoff verabreiche, braust der Unfallwagen heran – zum zweitenmal an diesem Tag. Du kommst wieder zu Dir. Ich bitte die Helfer, direkt mit Dir in die zum Uniklinikum gehörende Kardiologie zu fahren. Doch die Kardiologie liegt über 30 km entfernt, und die Unfallärzte spielen hier nicht mit. Sie müssen den Bereich in der Nähe abdecken, erklären sie, und können Dich nicht dorthin fahren. So muß erneut das nahegelegene Krankenhaus angefahren werden. Dort soll das Für und Wider einer Fahrt zur Kardiologie abgewogen werden.

Ich selbst hatte ja schon mit dem Herzprofessor gesprochen. So dränge ich darauf, Kontakt mit der Uniklinik aufzunehmen und Dich transportstabil zu halten. Die Entscheidung fällt für eine Fahrt zur Kardiologie. Dein Papa wurde inzwischen herbeigeholt. Nun folgt er uns wiederum in seinem PKW.

Letzte Hoffnung: Uniklinik

Unruhig liegst Du, mein Liebling, auf dem Weg in die Uniklinik auf Deiner Trage. Ängstlich scheinst Du zu ahnen, daß wieder etwas Schlimmes bevorsteht.

Es ist dunkel, und die Straßen sind an diesem Februarabend recht glatt. Die Fahrt scheint eine Ewigkeit zu dauern. Das Wackeln der Trage, auf der ich Dich besorgt festhalte, scheint Dich ein wenig abzulenken. Unruhig beobachtest Du die Rotation des Antriebsmechanismus der Blaulichtanlage über Dir.

Ein herzlicher Empfang wird uns bei der Aufnahme in die Uniklinik bereitet; und gerne werde ich als Mutter mit aufgenommen. Kollegial begegnet mir das Personal der Station, und tröstend steht es mir zur Seite.

Nach einigen vorausgegangenen Untersuchungen dieses Abends läßt es sich der Professor nicht nehmen, noch nach Feierabend persönlich zu erscheinen und uns im Ultraschall und Echolot Deinen komplizierten Herzfehler zu veranschaulichen. »Karins Herz ist in seiner Fähigkeit, Leben zu erhalten, einfach am Ende!« erläutert er. »Der Druck der rechten Kammer ist zu stark, das 4 cm große Loch zu groß, die linke Kammer wird vom Druck der rechten flach gedrückt. Der ganze Kreislauf, der fast ausschließlich über die Lunge geht, ist zu belastend.«

Er erklärt uns auch: »Beim gesunden Menschen sind die Arterien bei Belastung fähig, etwa sieben Liter Blut durch den Körper zu pumpen und sich durch Erweiterung der erhöhten Beanspruchung anzupassen. Die Lungenvenen aber, die den Kreislauf Ihrer Tochter übernehmen müssen, sind starr. Es werden nur etwa zwei Liter durchgepumpt, so daß bei Überbelastung – bzw. bei Karin schon unter normalen Bedingungen – der Kreislauf zusammenbricht.«

172

Für uns heißt das: Wir müssen akzeptieren, daß Deine Zeit nun zu Ende geht und wir von Dir, mein Liebling und Mittelpunkt unserer Familie, Abschied nehmen müssen.

Anne schreibt an diesem Abend in ihr Tagebuch: »Vielleicht geht heute ein Teil meines Ichs von mir! Wir haben so oft dasselbe gefühlt, waren immer zur selben Zeit krank, haben alles geteilt, Freud und Leid. Wie soll ich das nur aushalten? Das tut so weh!! 18 Jahre waren wir ein Herz und eine Seele!«

Derweil Dein Papa nach Hause fährt, verweile ich – halb wachend, halb benommen und voller wirrer Gedanken – an Deinem Bett. Ich beobachte all die Schläuche, die an Apparate angeschlossen sind und Dir, mein Kind, Erleichterung verschaffen sollen, Dich aber erheblich behindern, weil Dir nicht einsichtig gemacht werden kann, wozu das alles von Nutzen sein soll.

Wie in dem Film »ET« zeigst Du mir immer wieder Deinen erleuchteten linken Zeigefinger, auf den eine Klammer gesetzt ist. In Verbindung mit einer Apparatur soll diese die Sauerstoffsättigung Deines Blutes anzeigen. Wenn ich Dir schon diese Behinderung nicht nehmen kann, so ist es Dir doch eine Beruhigung, mich ständig in Deiner Nähe zu wissen. Manchmal tippst Du mit Deinem erleuchteten ET-Finger an die herunterhängenden bunten Luftschlangen, mit denen das Personal die Zimmer der Station zum Karneval liebevoll geschmückt hat.

Manchmal »begrüßt« Deine rechte Hand, die wegen einer Infusion mit einem Verband umwickelt ist, Deine »ET-Hand«; und Du suchst dabei nach einer Gelegenheit, Deine »Behinderung« loszuwerden.

Aus der Reisetasche, in die Deine Zwillingsschwester noch schnell alles Nötige hineingepackt hat, schauen Dein Teddy und Dein gelbes Lieblingspferdchen heraus. Mit diesen Kuscheltieren versuche ich Dich abzulenken. Wie tief Deine

Geschwister mitfühlen, kommt in diesen Stunden bewußten Abschiednehmens so recht zum Tragen.

Die erste Nacht in der Uniklinik haben wir Gott sei Dank geschafft. Was wird nun der Morgen bringen? Eine ängstliche Vorahnung erfaßt mich bei dem Gedanken, Dich erneut auf die Beine stellen zu sollen. Ich bitte um einen Rollstuhl und fahre Dich zur Waschecke im Bad.

Doch schon beim kurzen Aufrechtstehen vorm Bad versagen Deine Beine, und der nächste Zusammenbruch mit erneutem Herzstillstand tritt ein. In Todesangst um Dich setze ich Dich in den Rollstuhl. Dein Kopf schlägt hintenüber, als gehöre er nicht mehr zu Dir. Ist es jetzt aus?

Ich schreie laut um Hilfe und fahre Dich Deinen Helfern entgegen. Die Schwestern kommen und die Pfleger und die Ärzte. Und ehe ich mich's versehe, sind wir auf der Intensivstation, mit allem, was zur Wiederbelebung und Intensivpflege dazugehört.

Trotz meiner schlechten Verfassung und meiner schlotternden Knie akzeptieren alle meine Mitarbeit. Ich höre genauer hin, als ein Arzt einem anderen ganz leise zuflüstert: »Sie haben doch gehört, was der Professor gesagt hat!« – »Nein, was denn?« entgegnet letzterer. – »Keine Reanimation mehr!« kommt als Antwort zurück.

Ich aber will Dein Leben, mein Kind; und ich wünsche sehr, daß alle Deine Lieben Dir noch einmal lebend begegnen, um sich bewußt verabschieden zu können. Erik aus Berlin und seine Freundin können frühestens in fünf Stunden hier sein. So äußere ich entschieden gegenüber den verunsicherten Ärzten die aufmunternde Bitte: »Ich möchte es aber noch dieses eine Mal!«

Alles muß jetzt ganz schnell gehen: Spritze, Tubus usw. Ich helfe beim Anreichen und halte Dich fest. Die Beatmungsmaschine wird angeschlossen, und wir warten voller Hoffnung darauf, daß wir Deine eigenen Reserven noch einmal mobilisieren können.

Dein Papa und Anne bekommen wieder einmal einen gehörigen Schreck, als sie am Morgen nichtsahnend Dein leeres Zimmer betreten und erfahren, was geschehen ist. Diesmal dauert es vier Stunden, bis Deine eigene Atmung nach der Reanimation dann doch noch langsam wieder einsetzt und das Beatmungsgerät endgültig abgeschaltet werden kann.

Mein Zusammenwirken mit den Ärzten und dem Pflegepersonal erlebe ich als tolle Teamarbeit, die auch für diese Menschen weitaus tiefer reicht als die gewohnte Routine. Indem ich durch meinen Beruf ihnen wie auch Dir, mein Engel, Hilfestellung geben kann, fühle ich mich als Kollegin angenommen und kann so den tiefen Schmerz durch aktives Handeln ein wenig verdrängen.

Nun wirst Du aus der Intensivstation in ein reguläres Krankenzimmer zurückverlegt. Du schläfst nach den verabreichten Spritzen ziemlich tief. Dein Papa, Anne, Christoph und Ulrich schauen hoffnungsvoll auf mich und Dich und wissen doch: Die Zeit ist gekommen, wo nichts mehr geht. Da bleibt nur noch, Dir möglichst viel Erleichterung zu verschaffen.

Am späten Abend treffen Erik und seine Freundin Claudia aus Berlin ein. Wir haben ihn gebeten, vorsichtig zu fahren. Die beiden haben eine nervenaufreibende Fahrt bei stürmischem Winterwetter hinter sich. Nun stehen sie sichtlich betroffen in unserer großen Familienrunde, aus der Du, unser Engel, Dich – Gott allein weiß den Tag und die Stunde – verabschieden willst. Unser Leben mit Dir zieht an uns vorbei, und wir können es nicht fassen: Nun soll endgültig eintreten, was wir alle so lange verdrängt haben? Nur ungern gehen Dein Vater und Deine Geschwister nach Hause. Keiner von ihnen kann trotz aller Erschöpfung in dieser Nacht Schlaf finden.

Erschöpft lege ich mich auf ein Bett (das eher einer Pritsche ähnelt) neben Deinem Bett, um von hier aus Deinen Zustand im Auge zu behalten. Manchmal öffnest Du Deine Augen, schaust auf Deine Kuscheltiere, läßt Dir die Hand halten und fällst wieder in Schlaf. Du willst Deine Ruhe haben und bringst das zum Ausdruck, indem Du meine Hand beiseite schiebst.

»Heia, Heia«, flüsterst Du manchmal vor Dich hin. Und trotz Deiner Erschöpfung kommst Du meiner Aufforderung »Gib mir die Fünf!« nach und streckst mir unter Anstrengung Deine Hand zum Schlagabtausch entgegen. Es ist ein mühsamer Ausdruck Deiner Liebe zu mir.

Während der Rest der Familie in Unruhe die Nacht daheim verbringt – immer mit dem Gedanken, gerade jetzt könnte es passieren –, liege ich weinend auf meinem einfachen Lager, beobachte Deinen Atem und grüble über das Wann Deines letzten Atemzuges.

Die Nachtschwester, die leise ins Zimmer tritt, um nach Dir zu schauen, bemerkt erst beim Hinausgehen meinen großen Schmerz, der nun in einen Weinkrampf übergeht. Sie kommt noch einmal zurück und kniet sich neben mein Bett, und nun darf auch ich – sonst immer nur für den Trost der anderen zuständig – einmal Trost, Mitgefühl und Zuwendung annehmen.

Mir wird im Liegen ganz schwindlig, nicht nur in Gedanken. Auch physisch merke ich, wie ich aufpassen muß, beim Aufstehen nicht umzufallen, denn alles dreht sich. Ich erinnere mich, daß ich vor zwei Jahren zur gleichen Jahreszeit mit starkem Drehschwindel in genau dieser Klinik lag. »Das darf sich jetzt um Gottes willen nicht wiederholen!« denke ich. Ich versuche, mich zu entspannen, konzentriere mich auf meinen Atem und versuche, in Ruhe mit Deinem Atem, mein Engel, in Einklang zu kommen.

In aller Frühe schaut die Schwester wieder nach uns beiden. Sie fragt nach meinen Wünschen. Bescheiden bitte ich um eine Tasse Kaffee.

Mit Bangen denke ich an den nun beginnenden Tag. Ich habe mich frisch gemacht und schaue vom 18. Stock des Bettenturms der Klinik über die Stadt Münster mit seinem Dom und den vielen Kirchtürmen. Ich sehe die beleuchteten Straßen und ihren teils ringförmigen Verlauf um das Stadtzentrum. Ich schaue auch auf die vielen erleuchteten Fenster der Häuser, in denen nun das Leben erwacht. Mir kommt die Frage in den Sinn, wie viele Einzelschicksale sich dahinter verbergen mögen. Plötzlich fühle ich mich nicht mehr allein mit meinem Leid.

Zum Frühstück gehe ich ins anliegende Spielzimmer der Station und komme auch mit anderen Eltern in Kontakt. Glücklich strahlen die Eltern der »Krabbelkinder«, die eine Herzoperation erfolgreich überstanden haben. Wieder einmal wird mir bewußt, wie eng beieinander Freud und Leid, Leben und Tod liegen.

Mit ängstlichen Gedanken kehre ich vom Frühstück zurück, um nun Dich, mein Liebling, für den Tag frisch zu machen. Ich frage mich: Werde ich Dich jemals wieder auf die Füße stellen – auf diese zarten Füßchen mit der Schuhgröße 30 bei Deinen nun 18½ Lebensjahren?

Du hast in der vorigen Nacht eingenäßt und Fieber bekommen, das nun auf 39 °C gestiegen ist. Deinen Teddy hast Du Dir als zusätzliches Kopfkissen unter den Kopf gelegt. Ich wasche und bette Dich, pflege Deinen Mund und warte darauf, daß unsere Familie erscheint.

Es ist Samstag, und wir warten auf die Visite. Der Wunsch, Dich mit nach Hause zu nehmen und den Rest Deines Lebens der Natur zu überlassen – und dies im gewohnten Kreis Deiner Familie – ist in der vergangenen Nacht in mir gereift. Trotz großer anfänglicher Bedenken hat dieser Wunsch auch bei Deinem Papa Anklang gefunden. Daß wir dann nicht mehr helfen können, kann er jedoch nur schwer akzeptieren. Aber wir spüren auch die unausgesprochene Bestätigung des Personals und des Professors, der uns trotz des Wochenendes noch einmal in der Klinik aufsucht und sachlich aufzeigt: Nichts geht mehr!

Heimkehr

Nun warten wir noch auf den Krankenhausseelsorger, der erst vor einiger Zeit zum Diakon geweiht wurde. Wir – Deine Geschwister und Eltern – sitzen in einer großen Runde um Dich, unseren Sonnenschein, herum. Die ganze Familie erlebt Dich als Mittelpunkt der nun geführten Gespräche. Du aber fällst immer wieder in tiefen Schlaf. Sichtlich gerührt ist der Diakon von der Verbundenheit Deiner Geschwister mit Dir.

Er erfährt dabei, was auch Du uns geben konntest und welchen Wert geistig behindertes Leben haben kann. Alle Deine menschlichen Qualitäten kommen in unserem Gespräch noch einmal zum Vorschein. Jeder hält auf seine Weise Rückschau auf die verflossenen 18 Jahre mit Dir. Jedem gehen dabei andere Bilder durch den Sinn. Und jeder geht anders mit seinen Gefühlen um. Einer Deiner Brüder geht mehr verstandesmäßig an die Situation heran. Das tut uns zwar manchmal ganz gut, aber für ihn selbst ist es nicht gut zu verdrängen, was so sehr schmerzt. Er schaut gebannt auf die vielen bunten Fensterbilder im Krankenzimmer und drückt die Tränen zurück. Auf der Fensterscheibe sind viele kleine Fallschirmspringer aufgeklebt, die sich nun vor meinen Augen plötzlich zu bewegen scheinen.

Da der Diakon das Sakrament der Krankensalbung nicht spenden darf, holt er einen Pfarrer dazu. Unser Gespräch vertieft sich. Auch der Pfarrer ist so zu Tränen gerührt, daß ihm die Gebete nur schwer über die Lippen kommen. Die Krankensalbung selbst scheint eine Nebensache zu sein, so empfinden es auch Deine Angehörigen; denn Du, mein Kind, bist ohnehin in den liebenden Armen Gottes.

Kaum haben die Seelsorger die Tür hinter sich geschlossen und ich habe Dir ins Ohr geflüstert: »Karin, wir fahren jetzt wieder mit dem Auto nach Hause«, da gähnst Du etwa zehnmal tief und kräftig und wirst sehr viel wacher, so, als wolltest Du noch einmal bestätigt bekommen, was ich Dir da eben versprochen habe.

Schon oft habe ich als Krankenschwester miterlebt, daß die Krankensalbung noch einmal Auftrieb oder Besserung bewirkt hat. Ich weiß aber auch um die Wirkung der Worte »Auto« und »nach Hause« auf Dich. Wenn Du z. B. einer heiligen Messe stillschweigend beiwohnen mußtest und ich Dir kurz vor Schluß zuflüsterte: »Wir gehen jetzt nach Hause«, dann hast Du zugleich gelacht und geweint.

Woher auch dieser Auftrieb jetzt hier gekommen sein mag, mir sagst Du damit: »Ihr könnt es ruhig wagen, mich nach Hause zu fahren!« Nun bestärkst Du auch noch dadurch unseren Wunsch, daß Du Deine ganzen Kräfte mobilisierst, Dich bereitwillig anziehen läßt und geduldig mit mir auf den Krankenwagen wartest, der Dich nach Hause bringt.

Die Krankenschwester ist so lieb und gibt mir alles mit, was ich übers Wochenende für Dich benötigen werde: Tabletten, den zugehörigen Mörser, Sonden, Spritzen, Essen, Infusionsbestecke, Windeln, Unterlagen usw. Sie meint es so gut!

Wir umarmen uns herzlich, und ich bedanke mich für alles, was wir in diesen Tagen einander geben durften. Schnell holt sie noch ein Baby aus dem Säuglingszimmer, um Dir eine kleine Freude zu bereiten. Du darfst Dir das kleine Wesen, dessen Weinen Du in der Stille der vergangenen Stunden so aufmerksam verfolgt hast, anschauen; denn Du liebst Babys über alles. Ich bringe Euch zärtlich in Berührung und verabschiede mich endgültig.

Vorbei geht es an einer Krankenbahre und an vielen Inkubatoren, die auf dem Flur stehen. Erinnerungen tauchen auf. Dein ganzes Leben, das mit der Versorgung im Brutkasten begann, zieht an mir vorbei, während wir auf den Aufzug zugehen, um die Heimfahrt anzutreten.

Zu Hause

Zu Hause haben Deine Geschwister schon alles für Deinen Empfang liebevoll hergerichtet. Du, mein Liebling, schaust Dich in Deinem Zimmer um und nickst bejahend mit dem Kopf.

Du schaust Dir die vielen Kuscheltiere so eingehend an, als wolltest Du sie einzeln begrüßen, schaust zu dem Mobile an der Zimmerdecke, zu dem im Luftzug sich drehenden Clown, der schwebenden Hexe, zu den vielen Bildern an den Wänden, zu dem Abdruck Deiner Hand (den Du selbst in der Schule gefertigt hast) und vielem mehr.

Fotos, die Dich in Mamas oder Papas Armen zeigen, erblickst Du an allen Wänden. Und dann fällt Dein Blick noch auf Bilder aus dem Italienurlaub, die das große Wasser zeigen, das Du so liebst.

Liebevoll legst Du als vertraute Geste des Danks Deine kleine Hand unter mein Kinn, um mir Dein Wohlgefühl in den eigenen vier Wänden zum Ausdruck zu bringen. Von einem Bild an der Wand strahlst Du uns, auf der Schaukel sitzend, entgegen; und das erinnert an einen stabileren Herzzustand.

Manchmal wirfst Du vom Bett aus den Blick weit zurück, um auch die sich im Wind wiegenden Bäume durch das hinter Dir liegende Fenster zu beobachten. Die Sonne scheint herein und wirft die huschenden Schatten auf die Wand vor Dir. Wie gewohnt willst Du Dich an Deiner seitlichen Polsterwand aufrichten, Dich hinsetzen und anlehnen. Doch Du spürst: Es geht nicht! Du mußt den Versuch aufgeben. Kraftlos läßt Du Dich in die Kissen zurückfallen.

Für mich heißt es nun: pflegen! – Wie lange? – Wirst Du leiden müssen? Alles offene Fragen!

Du mußt unbedingt Stuhlgang haben. Mit einem Klistier habe ich schon nachgeholfen, aber Du hältst den Stuhl zurück. Du bist es – außer auf der Toilette – nicht gewohnt, irgendwo hinzumachen. Wie soll ich Dir erklären, daß es auch auf einem Topf geht? Wir haben große Angst, Dich wieder auf die Beine zu stellen, und holen deshalb unseren Küchendrehstuhl, um Dich auf die Toilette zu befördern. Im Schwall gehen Dein Stuhlgang und Dein Wasser ab. Welche Erleichterung! Aber gleichzeitig drohst Du zu kollabieren. Nur soeben kommst Du an einem erneuten Zusammenbruch vorbei. Wir legen Dich schnell wieder hin und geben Dir Sauerstoff.

Dein Papa und Ulrich machen sich daran, Dir einen Holzstuhl zum Toilettenstuhl umzufunktionieren. Sie fertigen ihn mit viel Liebe für Dich, sägen ein rundes Loch hinein und schmirgeln es sauber glatt. Der Stuhl wird direkt neben Dein Bett gestellt, damit Du dich kaum noch anzustrengen brauchst. Doch Du wirst ihn nie in Anspruch nehmen.

Die erste Nacht daheim steht Dir bevor. Den Nerven der ganzen Familie tut es gut, Dich, unseren Schatz, zu Hause zu haben. Jeder kann sich zwischendurch in seine Privatsphäre zurückziehen, Abstand gewinnen und doch in Deiner Nähe sein. Das kann ein Krankenhaus den Angehörigen nicht bieten. Natürlich möchten alle, daß ich die Nachtwache bei Dir übernehme. Auf einer Matratze vor Deinem Bett bin ich Dir ganz nahe. Doch eine schlimme Nacht steht uns bevor:

Nie zuvor habe ich ein so fürchterliches und lautes Unwetter von unserem Haus aus wahrgenommen. Geschwächt von den vergangenen Tagen und Nächten, verbringe ich, neben Dir liegend, unheimliche Stunden.

Mir ist, als ob der Sensenmann persönlich um unser Haus geht. Er rüttelt an den Rolläden! Es regnet, stürmt, blitzt und donnert! Und nun klappert er kräftig am Briefkastendeckel der Haustür! Eine persönliche Nachricht? Es ist schaurig! Ein

Kampf um Dein Leben, mein Engel, scheint hier vor sich zu gehen ...

Ich halte meine Hand auf Dein Herz und flehe Gott an: »Du hast gesagt, daß der Glaube Berge versetzt! Ich glaube, daß du unter meiner Hand, so es dein Wille ist, durch deine Liebe und Kraft das Herz unseres Lieblings gesunden lassen kannst – so, wie du ihm unter dem Druck meiner Hand vor zwei Tagen das Leben neu zurückgegeben hast!«

Ich lege meinen Kopf an der Seite auf Dein Bett und bin immer mit einer Hand in Berührung mit Teilen Deines Körpers – mal ängstlich kontrollierend, mal liebevoll streichelnd. Mit dem Fuß kann ich bei Bedarf die Stehlampe bedienen.

Die Angst steht im Raum und schleicht um unser Haus. Ich mache das Licht an – der Sensenmann scheint davor zu fliehen. Der Wind legt sich – wie von einem Schalter ausgeknipst.

Ich schaue auf Deinen großen neongelben Kirmesteddy, der bisher immer wachend am Kopfende Deines Bettes saß, jetzt aber Deinem Wunsch nach Bewegungsfreiheit weichen muß. Du weißt sehr wohl um die Nähe, die Du Dir wünschst, aber die Du abweisen mußt, weil sie Dir nicht guttut. Du hebst Deine Arme hoch, um Deinem Brustraum mehr Platz und mehr Luft zu verschaffen. Das fällt mir jetzt ganz deutlich auf. Deine Augen scheinen ängstlich nach innen zu schauen, immer erfühlend, was sich in Deinem kleinen Bauchraum tut.

Der Sensenmann hat sich verzogen. Er hat nur ein wenig Wind und Regen zurückgelassen, so, als wollte er sagen: »Ich komme zurück! Verlaßt euch drauf!« Mir ist, als würden mir Kräfte aus meinem Kopf entzogen. Ich erhebe mich von meinem Lager, um dem Sensenmann zu beweisen: »*Ich* bin es nicht! *Mich* kriegst du nicht!«

Ich schaue auf den großen Teddy, der mir plötzlich lebendig erscheint. Den Kopf hält er seitlich geneigt. Fragend und tröstend zugleich sieht er mich an, und erst jetzt nehme ich sein rotes Herz auf seiner Brust wahr: das Herz, um das sich alles dreht. Er sitzt auf einem Riesenkasten Pampers und scheint zu fragen: »Wie viele Tage noch? Wie viele Stunden noch?«

Mit jedem Deiner letzten Toilettengänge war ein Schwächeanfall verbunden, selbst bei Zuhilfenahme des Drehstuhls. – Da steht er nun, der Drehstuhl, auf dem Du so gern in der Küche und vor der Arbeitsplatte Platz genommen hast, nach draußen schauend, bis das Taxi Dich zur Schule abgeholt hat. So hat nun auch der Drehstuhl mit seinem karussellähnlichen Effekt seine Bedeutung für Dich verloren. Stückweise nehmen auch andere Gegenstände unseres Hauses von Dir Abschied, mein Engel.

Wirst Du noch einmal Deinen Platz am Eßtisch einnehmen können – den Platz, auf dem Du immer so sehr bestanden hast, daß Du fremde Besetzer vehement beiseite gezogen oder aber Dich, wenn es alles nichts nützte, einfach auf ihren Schoß gesetzt hast?

Geschwächt liegst Du neben mir und hast mit Deinem Brust- und Bauchinnenleben so viel zu tun, um zu überleben, daß Du es nicht wagst, Dich zu bewegen. Jederzeit bist Du mit Deinem ganzen Wesen ängstlich nach innen gekehrt.

Bald wird diese unheimliche Nacht vorüber sein. Ich gehe ins Wohnzimmer. Dort sitzt Ulrich vorm Fernseher ohne Ton. Jedes Familienmitglied versucht auf eigene Weise, den Schmerz zu verkraften bzw. zu verarbeiten. Ulrich geht wieder zu Bett und bittet mich, mich doch auch wieder hinzulegen. Draußen ist es ruhiger geworden, und ich folge seinem Rat.

Im Zimmer nebenan liegt Dein Papa weinend im Bett. Seit der Nachricht von Deiner Behinderung vor 18 Jahren habe ich ihn nicht mehr weinen sehen. Doch nun übermannt es ihn wieder, obwohl Deine Geschwister ihm tröstend zur Seite stehen. Mich berührt es sehr, ihn so weinen zu sehen. Nie waren wir uns alle näher als in diesen Stunden, in denen Du, unser Sonnenschein, uns schrittweise verläßt.

All das bewegt mich, während ich auf die frühen Morgenstunden warte. Endlich ist die erste Nacht um! Und das Unwetter hat sich gelegt. Ich gehe in die Küche, um mir einen Kaffee zu kochen. Es ist Sonntag. Die ersten Sonnenstrahlen scheinen so vielversprechend in Dein Zimmer, mein Schatz, als hätte ich mir die vergangene Geisternacht nur eingebildet. Aber es war Realität!

Der Rest der Familie ist aufgestanden. Irgend jemand hat den Frühstückstisch gedeckt. Gestreßt sehen wir alle aus, denke ich, während wir beim Frühstück sitzen. Das gilt auch für mich. Kein Wunder! Wann habe ich schließlich zum letztenmal richtig geschlafen?

Momentan bist Du, mein Engel, ziemlich ruhig, und ich meine, Dich für ein paar Minuten allein lassen zu können, um mit der Familie ein bißchen zu essen.

Das nutzt Du, um Dich zum Sitzen zu bringen. Ich komme gerade zu Dir, als Du, ein wenig aufgerichtet, an Deiner Polsterwand klebst und Dich elendig weder rauf noch runter zu bewegen vermagst. Betrübt mußt Du feststellen: Es geht nie mehr! Auch von Deiner sitzenden Position an der Polsterwand, an der Du so viele abendliche Stunden in stereotyper Haltung mit den vertrauten Summtönen verbracht hast, mußt Du Dich nun verabschieden.

Sehr erschrocken bin ich, Dich so elend vorzufinden. »Schnell, mehr Sauerstoff!« rufe ich den anderen zu und lege Dich vorsichtig hin. Deine Augen wandern ab. Soeben haben wir Dich erneut vor dem Tod gerettet. Wie soll das weitergehen? Du stehst an der Grenze zwischen Leben und Tod; das zeigen auch Deine Gesichtszüge.

Hilfesuchend schaust Du Dich um. Ich breche in Tränen aus: »Karin, wir können Dir auch nicht weiterhelfen! Wir tun ja alles, um es Dir zu erleichtern! Wir sind ja selbst so traurig!«

Nun bleiben einige Deiner Lieben im Wechsel an Deinem Bett. Du erholst Dich etwas und fällst immer wieder in leichten Schlaf. Meist liegt jemand neben Dir und beruhigt Dich. Manchmal läßt Du es zu, daß ich Deine Hand halte. Manchmal weist Du sie sachte zurück. Manchmal duldest Du nur Deine Zwillingsschwester, die sich neben Dich gelegt hat und Dir in leisen Tönen ein vertrautes Lied ins Ohr singt. Es geht Dir gut dabei, und Anne lenkt Dich von Deinem ständigen »Nach-innen-Hören« ab, mit dem Du zu ergründen versuchst, was denn da in Deinem Körper jetzt gerade wieder vor sich geht.

Am Nachmittag dieses Sonntags sitze ich mit Anne an Deinem Bett, während sich Dein Papa im Zimmer nebenan zu erholen versucht.

Plötzlich merke ich: Du willst uns etwas ganz Bestimmtes sagen. In all diesen Tagen hast Du weder gelacht, noch hast Du Deine Stimme gebraucht. Jetzt aber willst Du uns ganz deutlich etwas mitteilen – etwas, das Dir sehr wichtig ist. Sehr laut und äußerst ausdrucksvoll bringst Du etwa zwei Sätze in Deiner Sprache heraus. Das berührt uns tief. Sogar Dein Papa hört es im Raum nebenan und kommt zu uns gelaufen. Es tut uns sehr weh, daß wir Deine Botschaft nicht verstehen können. Du hast es ja leider nie gelernt, Dein Denken und Fühlen in unsere Sprache umzusetzen. Meistens verständigst Du Dich unter Zuhilfenahme von Gestik und Mimik. Du machst auf diese Weise deutlich, was Du wünschst und wohin Du willst.

Ich erinnere mich an Dein letztes erregtes ausdrucksvolles Schimpfen, als ich Dir für eine kurzen Weg den Rollstuhl vorenthalten habe. Jetzt aber schimpfst Du nicht. Deine Sprache klingt auch nicht besonders liebevoll oder besonders traurig; sie hört sich auch nicht sehr schmerzvoll an; nein, Du hast uns einfach etwas sehr Wichtiges mitzuteilen. Du spürst, daß sich Dein Zustand verändert. Vielleicht ist es das, was Du uns sagen willst. Vielleicht willst Du uns sagen, daß wir nicht traurig sein sollen, wenn Du uns verläßt. Wir sind zutiefst von der Wichtigkeit Deiner Botschaft gerührt, auch wenn wir sie nicht verstehen können, da Du sie in Deiner Sprache ausdrückst.

Dieser erste Tag daheim ist bis auf den morgendlichen Zwischenfall, als Du Dich aufzurichten versucht hast, ruhig verlaufen.

Am Nachmittag zieht direkt an unserem Haus ein Karnevalszug vorbei. An einem dieser Wagen haben Deine Brüder entscheidend mitgewirkt. Doch ich mag ihn mir gar nicht ansehen. Auch bei Deinen Geschwistern kommt keine Freude auf.

Sie schauen kurz hinaus; und schon wird die Tür zur Trennlinie zwischen Freud und Leid. Ich erinnere mich dabei an eine Karnevalsnacht während meiner Ausbildung: Gerade erst war eine junge Mutter von Zwillingen nach einem Kaiserschnitt gestorben, da folgten ihr kurz darauf beide Kinder ins Jenseits. Ich legte der Mutter die Kinder in die Arme, und während ich alle drei in die Leichenhalle brachte, schallte es aus dem Dorf herüber: »Karneval! Karneval ist die schönste Zeit!« Wie nahe beieinander Freud und Leid liegen können, erfahren wir wieder einmal an diesem Sonntag.

Viel Pflege hat dieser erste Tag daheim erfordert. Jeder war mit immer neuen Essensangeboten bemüht, Dir das Legen einer Magensonde zu ersparen. Für die notwendige Flüssigkeitszufuhr sorgst Du selbst: Immer wenn Dein Blick zur Milchtüte wandert, gießen wir Dir schnell etwas Milch ein. Du trinkst dann meist gleich ein bis drei Tassen leer. Das freut mich sehr, denn ich bemühe mich, darauf zu achten, daß Du Dein notwendiges Quantum an Flüssigkeit erhältst.

Ich bin sicher, daß das im Krankenhaus nicht geklappt hätte. Auf dem Ein- und Ausfuhrzettel wäre alles säuberlich eingetragen worden, und notfalls hätte man mit Sondennahrung oder Infusionen nachgeholfen. Das Anlegen neuer Schläuche hätte Dich jedoch gekränkt und behindert.

Ich sehe mich in der Doppelrolle als Krankenschwester und Mutter: Als Krankenschwester überwache und kontrolliere ich Dich, als Mutter aber sehe ich über manches hinweg, pflege und beschütze Dich. Ich muß es Dir und mir nicht antun, ständig Puls und Blutdruck zu messen. Es reicht mir, Deinen Zustand anzunehmen, Dir die Hand zu halten, Dich liebevoll zu streicheln und mich über jede Minute zu freuen, die ich noch mit Dir erleben kann. Der Tag ist anstrengend verlaufen, und ich bin voll gefordert worden.

Die zweite Nacht daheim bricht an, doch niemand will so recht ins Bett gehen. Ich lege mich neben Dich und messe Deinen Blutdruck. Er ist sehr niedrig.

Du willst meine Nähe nicht zulassen und hauchst immer wieder vor Dich hin: »Heia, Heia!« Wir werden das unheimliche Gefühl nicht los, daß Du »die ewige Heia« meinst und schlafend von uns gehen möchtest. Ich knipse das Licht an, um die Eindrücke des Tages niederzuschreiben. Du blickst mit wachen Augen zu mir und dann zum Licht, als wolltest Du sagen: »Mach's aus!« Ich folge Deinem Wunsch, mein liebes, armes Kind.

Am frühen Montagmorgen scheinst Du wacher zu werden. Ich wickle Dich neu. Dein Po ist schon ganz wund. Du trinkst hastig drei Tassen Milch. »Gott sei Dank!« denke ich, immer mit der Angst im Nacken: Wie geht es weiter?

Du schläfst wieder ein. Auch nach der heutigen Morgentoilette bist Du sehr geschwächt. Immer steht jemand bereit, um Dir Sauerstoff zu reichen. Schmerzhaft verziehst Du Dein Gesicht beim Stuhlgang und bei jeder Bewegung Deines Bauches. Dein Papa versucht, mich bei den notwendigen pflegerischen Verrichtungen ein wenig zu bremsen. Er leidet zu sehr mit bei dem Gedanken, daß Dir jede Bewegung Schmerzen oder gar den Tod bringen könnte. Ich versuche, ihn zu verstehen, muß mich aber dennoch durchsetzen und ihm verständlich machen, daß Mangel an Pflege nur zu noch größeren Schäden führen würde.

Behutsam lege ich nun bei Deinen Mahlzeiten Pausen ein. Zu Deiner Erleichterung nehme ich bei allen pflegerischen Maßnahmen die Hilfe Deiner Geschwister in Anspruch.

Ich wage kaum, Deine Bettwäsche zu wechseln. Mir schlottern die Knie dabei, wenn ich daran denke, daß jeder Moment der letzte sein kann.

Im Laufe des Tages bessert sich Dein Zustand. Doch Du schläfst fast ausschließlich und mußt für jede Pflegemaßnahme geweckt werden. Selten öffnest Du Deine Augen, doch wenn, dann nimmst Du alles um Dich herum genau wahr.

Die guten Phasen nutzt Erik dazu, ständig neuen Sauerstoff einzukaufen. Der Lieferant fragt ihn etwas unwillig: »Wie oft wollen Sie denn noch kommen, um Sauerstoff zu holen?« Erik antwortet betroffen: »Ich komme, solange meine Schwester noch lebt.«

Am Nachmittag dieses Montags kommen Dein Lehrer und unser Diakon. Letzterer meint: »So ist Karin eigentlich immer. Man könnte meinen, sie schläft sich gesund.« Ich denke: »Gott gebe, daß er recht hat!« Auch Dein Lehrer hat den gleichen Eindruck.

Zwischendurch nutze ich Deine Schlafphasen dazu, kleine Tätigkeiten zu verrichten, putze mechanisch den Staub hin und her und koche uns etwas zu essen. Aber das alles hat seine Wichtigkeit verloren.

Meine Azalee auf der Fensterbank sieht so traurig aus! Ich tippe ihre Blätter an. Sie fallen herab. Ich ziehe Parallelen zum menschlichen Leben und stelle mir vor, wie viele Menschen jetzt gerade ihr Leben wie welke Blätter verlieren. Ich fühle mich nicht mehr allein, wenn ich bedenke, daß viele Menschen jetzt gleichzeitig mit uns leiden.

Immer ist jemand in Deiner Nähe, mein Engel. Anne liegt oft neben Dir und krault Dir den Rücken oder massiert ihn zärtlich. Ulrich steht meist in einigem Abstand in der Nähe der Tür. Es tut uns so weh, Dich leiden zu sehen!

Am Abend, als wir gerade alle meinen, es gehe nun doch aufwärts mit Dir, verziehst Du beim Wickeln spontan sehr schmerzhaft Dein Gesicht und fühlst Dich offenbar sehr elend.

Ich bleibe auch in dieser Nacht direkt bei Dir auf der Matratze. Immer bin ich in Kontakt mit Dir in der ängstlichen Sorge, Du könntest für immer einschlafen und ich könnte wegen Übermüdung vielleicht gerade nicht bei Dir sein.

Dienstagmorgen. Jeder in der Familie ist gespannt, wie es Dir heute bei der Morgentoilette geht. Alle sind in der Nähe, und jeder vollbringt einen Dienst an Dir: Erik und Papa geben Dir abwechselnd Sauerstoff, Anne hilft beim Waschen, und Christoph geht mir beim Wechseln der Windeln zur Hand.

Dein Stuhlgang ist schwarz. Ich führe das auf die eisenhaltige Medizin der Uniklinik zurück.

Auch an diesem neuen Tag bist Du zum Erbarmen elend. Dein Fieber hält sich mit 38,5 °C im Rahmen. Du trinkst drei Tassen Milch; das freut mich. Dann fällst Du wieder in tiefen Schlaf.

Viele Bekannte rufen uns an oder besuchen uns, um sich nach Deinem Befinden zu erkundigen; und darüber freuen wir uns jedesmal sehr. Wir geben Dir immer wieder Sauerstoff. Der Tag verläuft ohne Besonderheiten; und wir stellen uns vor, wie schön es wäre, wenn du Dich gesund schlafen könntest.

In der Nacht zum Mittwoch kann ich nicht schlafen. Die Gedanken an Deinen möglichen niedrigen Thrombozytenstatus gehen mir nicht aus dem Kopf.

Dieser Zustand hat sich immer in Blutungen aus der Mundschleimhaut und aus anderen Körperöffnungen niedergeschlagen. Ich kann mir irgendwie einfach nicht so recht vorstellen, daß die Diagnose des Herzprofessors stimmen soll. Wieso bist Du dann so blutungsstabil? Wieso ist Dein Herzschlag weiterhin so kräftig? Und wieso fällst Du immer wieder in tiefen Schlaf?

Da klickt es plötzlich bei mir! Das ist es! Auf einmal ist mir alles klar: Eine innere Blutung liegt bei Dir vor! Ich bin froh, die Diagnose zu wissen, und gleichzeitig traurig, die Entwicklung nicht verhindert zu haben. Plötzlich weisen alle Symptome darauf hin: der schwarze Stuhlgang, Dein ständiges Schlafen aufgrund der Schwäche durch den Blutverlust, Deine Empfindlichkeit im Bauchbereich und Dein Kreislaufversagen.

In mir wächst die Hoffnung, daß Du dann nicht verloren bist. Ich entschließe mich, für Dich zu kämpfen. Dein Papa kann es mir nicht so recht abnehmen. Er meint: »Wieso sind denn die Ärzte nicht darauf gekommen?« Wir holen uns Bücher an Dein Bett und wälzen sie.

Ich lese, was ich schon längst wußte: Wenn die Thrombozyten unter 30 000 fallen, besteht Blutungsgefahr. Dein äußeres Erscheinungsbild hat mir das oftmals bestätigt: besonders die kleinen Petechien (punktförmigen Hautblutungen) am Hals und Dein Mund- und Nasenbluten. Bislang konnte ich dies alles durch Höherdosierung der Tabletten regulieren. Aber eine innere Blutung – daß ich daran nicht gedacht habe!

Ich lese, daß jede Infektion die Thrombozytenzahl reduziert. Jetzt weiß ich auch den Auslöser: Dein grippaler Infekt mit der dicken Mittelohrentzündung war es! Obwohl ich Deinen Ärzten stets davon berichtet habe, hat keiner die Zusammenhänge bemerkt.

Plötzlich staune ich, wie stark und stabil Dein Herz dennoch ist und daß Du alles bisher durchgestanden hast. Ich glaube, daß es sich lohnt, für Dich zu kämpfen. Am Mittwochmorgen in aller Frühe rufe ich den Hausarzt und bitte ihn, sich in meine Diagnose hineinzudenken. Da doch noch Hoffnung zu bestehen scheint, bitte ich ihn, Dich zu besuchen.

Außerdem rufe ich den Stationsarzt der Uniklinik an und frage nach den Blutwerten. Unsicher fragt er: »Kann der Wert von 123 000 stimmen?« – »Niemals!« entgegne ich, und ich erinnere mich, daß auch in der Hausarztpraxis schon einmal durch eine Null zuviel der Wert verfälscht wurde. »Aha, also 12 300«, denke ich. Das bestätigt meinen Eindruck von Dir.

Dein Arzt erscheint erst am Abend. Ich werde den Verdacht nicht los, daß er meinen könnte, jeglicher Aufwand für Dich lohne sich nicht mehr. Aber er nimmt Dir noch am Abend Blut für eine Thrombozytenuntersuchung ab und gibt mir den Wert am späten Abend durch. Inzwischen ist die Zahl wieder auf 53 000 angestiegen.

Das macht mir nun noch mehr Hoffnung. Es geht aufwärts, und die akute Blutungsgefahr ist vielleicht gebannt. Aber was ist nur in Deinem Bauch los, mein liebes armes Kind? Die Angst, Dich zu bewegen, ist geblieben. Und eine Operation ist undenkbar.

Dein Papa und Deine Geschwister entspannen sich vorm Fernseher, ohne mitzubekommen, was dort gezeigt wird. Ich lege mich zu Dir. Manchmal möchte ich mit Dir ganz allein sein, bewußt alles noch einmal an mir vorbeiziehen lassen, mich mit Deinem Atem eins fühlen, einfach dasein und jede Minute mit Dir, mein Engel, noch einmal genießen.

In der nun folgenden Viertelstunde geht es Dir ähnlich wie nach der Krankensalbung. Du gähnst etwa zwanzigmal kräftig und tief, als wolltest Du Deine ganze Müdigkeit aus Dir herauslassen. Du wirst hellwach. Ich aber bin dem Einschlafen nahe; denn auch mein Körper fordert sein Recht. Deine Geschwister bieten sich an, abwechselnd bei Dir Wache zu halten.

Aber um drei Uhr in der Nacht weckt mich Erik und erzählt mir von Deiner Lebendigkeit. Du drehst Deinen Körper im Bett, hebst die Beine an und nickst bejahend, als wolltest Du bestätigen: Es funktioniert noch alles, und es geht aufwärts.

Du schiebst die Ärmel Deines Schlafanzuges hoch, rubbelst Deine Arme und schiebst die Ärmel wieder herunter. Du fühlst und bejahst Deinen Körper, aber erkennst auch Deinen Schwachpunkt Bauch, der Dich daran hindert, Dich aufrecht hinzusetzen.

Dafür hebst Du die Beine an der Polsterwand so hoch, daß sich Anne, die neben Dir liegt, arg bedrängt fühlt und doch riesig über Deine Aktivität freut. »Braucht sie nicht vielleicht etwas zum Einschlafen?« fragt Erik mich. Ich sehe mir Deinen Zustand an. Wir nehmen Dich aus den Windeln, und Du fühlst Dich aufgefordert, noch einmal kräftig nachzudrücken. Das erleichtert Dich sehr, und Du schläfst wieder ein.

Abschied

Wie an jedem neuen Tag in der letzten Zeit fragen wir uns auch an diesem Donnerstagmorgen, wie es Dir heute ergehen wird. Wir erleben ein Wechselbad von Gefühlen. Es kann aufwärtsgehen, es kann aber auch noch wochenlang so weitergehen wie bisher. Es ist einfach alles »drin«; denn wir stecken nicht in Deinem kleinen Körper. Nur »einer« weiß die Zeit auf die Minute genau – und niemand ahnt, daß dieser Donnerstag, der 25. Februar 1993, der letzte Tag in Deinem Leben sein wird. Du selbst allerdings hast eine leise Vorahnung ...

Mehrere Tage lang haben sich alle in der Familie für Dich frei genommen, und heute steht für Eriks Freundin Claudia die Heimfahrt nach Berlin an. Anne möchte eine wichtige Klausur in der Schule nicht verpassen. Auch Christoph und Ulrich sind schweren Herzens und doch ein wenig hoffnungsvoll an ihre Arbeitsplätze zurückgekehrt. Anne verspricht mir, stündlich anzurufen, um sich nach Deinem Zustand zu erkundigen. Als sie sich dann bei Dir verabschiedet, legst Du Deinen Arm fest um ihren Hals, drückst sie ab und schiebst sie sachte weg, als wolltest du sagen: »Mach's gut, meine Liebe!« Ebenso ergeht es Claudia bei ihrem Abschied. Alle haben sich nun zuversichtlich auf den Weg gemacht.

Doch Du, mein Engel, spürst, daß es Dein endgültiger Abschied ist. Welcher Mensch, der mit geistig Behinderten nichts zu tun hat, würde auch nur ahnen, daß Du mit Deinen schweren Beeinträchtigungen so bewußt von Deinem Leben und Deinen Lieben Abschied nehmen und so bewußt in den Tod gehen kannst?

Deine Geschwister haben das Haus verlassen, Dein Papa sitzt bei Dir und reicht Dir Sauerstoff. Ich komme hinzu und sehe

Deine veränderte Atmung, die er gar nicht bemerkt hat. Noch haben Deine Geschwister ihre Fahrtziele nicht erreicht, da verziehst Du derart schmerzhaft Dein Gesicht, daß uns klar wird: Ein fürchterlicher und schmerzhafter Vorgang vollzieht sich da in Deinem kleinen Bauchraum!

Claudia, noch nicht ganz am Bahnhof angekommen, mag eine vorausschauende Ahnung gehabt haben. Sie ist von sich aus auf halbem Weg umgekehrt, um bei Dir zu bleiben. Unsicherheit und Angst haben sie zur Umkehr veranlaßt, während Du nun in Riesenschritten Deinem Tod entgegeneilst. Deine Geschwister kommen nach unserem Anruf auf schnellstem Wege zurück.

Wir rufen den Arzt herbei, um ihm Deine Veränderung mitzuteilen, mit der Angst im Nacken, genau in diesem Augenblick könnte es zu Ende gehen. Gerade noch rechtzeitig sind alle Deine Lieben um Dich versammelt. Du hebst Deinen Kopf und siehst uns alle noch einmal bewußt an. Du drückst die Hand Deines Papas bei der Sauerstoffgabe ganz fest und hältst mir zum letztenmal Deine zarte kleine Hand zum Dank unters Kinn.

Dann plötzlich windet sich Dein kleiner Körper schmerzverzerrt, als rammte Dir jemand ein Messer in den Bauch. Dein Schrei erfüllt den stillen Raum, in dem wir um Dich zittern.

Es ist der Schmerz der Embolie, hervorgerufen durch einen Thrombus, der Dein Herz verschließt.

Ich habe Dir noch beim vorherigen Schmerz ein starkes Zäpfchen gegeben, in der Hoffnung, daß es Dir Erleichterung bringen möge. Doch jetzt spüren wir: Gegen *diesen* Schmerz ist nichts mehr auszurichten. Er nimmt Dich mit hinüber ins Jenseits!

Nun wird auch Deine Atmung deutlich schlechter. Die Schnappatmung setzt ein. Wir alle stützen Dich und halten Dich irgendwo fest, als sichtbares Zeichen unserer Begleitung.

Wir weinen laut, betroffen und erschrocken von den Anzeichen Deines Todes – oder auch leise schluchzend und schmerzerfüllt, eben so, wie jedem von uns zumute ist.

Nun wirst Du ruhiger, und ich vermute, daß Du eventuell noch einmal in einen Schlafzustand fallen wirst und anschließend erneutes qualvolles Ringen durchstehen mußt. Ich nehme das Stethoskop zur Hand und horche Dein Herz ab. Unglaublich, wie stark und regelmäßig – ohne Extrasystolen oder andere Zeichen von Schwäche – es dennoch schlägt! Ich übergebe Erik, der neben mir kniet, das Stethoskop, damit auch er einen Eindruck davon bekommt.

Aber die Ruhe dauert nicht lange an. Erneut geht Deine Atmung in Schnappatmung über. Niemand kann sich vorstellen, daß nun, eine Viertelstunde später, mit dem letzten Atemzug das Leben aus Deinem zarten Körper endgültig und unwiderruflich entweicht.

Es ist 11.30 Uhr. Gott hat Dich gerufen. Das Buch Deines Lebens ist zu Ende geschrieben.

Betroffen halte ich das Stethoskop auf Deine Brust und kann es nicht fassen, daß ich nun absolut nichts mehr höre. Totenstille in Dir! Deine Seele, Dein Geist und Dein Leben sind von uns gegangen – einfach so aus Dir herausgetreten.

Auf einmal strahlt die Sonne an diesem traurigen Februartag durchs Fenster direkt auf Deinen Körper, als wollte sie kundtun: Im Himmel ist Feiertag! Der Himmel hat nun einen lieben Engel mehr!

Und meine Seele spannte
weit ihre Flügel aus.
Flog durch die stillen Lande,
als flöge sie nach Haus!

Wir stehen schmerzerfüllt vor Deiner Hülle – Deinem Körper, den wir so sehr liebten und den wir nun streicheln. Eine geheimnisvolle, ehrfürchtige, feierliche Atmosphäre erfüllt den Raum. Wo bist Du hin, unser Engel, einfach so?

Wie nahe ist uns allen in diesen Minuten Gott, der Unbegreifliche, der unsere Zeit bestimmt und in dessen liebevolle Arme Du nun zurückkehrst. Betroffen und von tiefer Trauer erfüllt, geben wir Dein Leben an Deinen Schöpfer zurück.

Anne hilft mir beim Waschen, Anziehen und Aufbahren Deines langsam erkaltenden Körpers. Wie ein Engel liegst Du da, Deine Haut so klar wie Elfenbein, blaß und rein. Alle Zeichen Deines schweren Herzfehlers sind gewichen. Dein Haar haben wir wie gewohnt zu einem seitlichen Pferdeschwanz frisiert und mit pinkfarbener Rüsche verziert. Dein eierschalfarbenes Sweatshirt mit pinkfarbenem Krägelchen kleidet Deinen Oberkörper. Es war Dein Weihnachtsgeschenk, und immer wieder hast Du Dir das abgedruckte Foto darauf angesehen. Es zeigt Dich in Umarmung mit Deiner Zwillingsschwester. Die schönsten Sachen suchen Dir Deine Geschwister heraus, um Deinen Körper zu kleiden.

Deine Händchen liegen gefaltet auf der fröhlich pinkfarbenen Bettwäsche mit weißen Punkten. Ein farblich abgestimmtes Blumensträußchen geben wir in Deine Hände. Am Tag zuvor noch hast Du Deine Hände selbständig gefaltet, und ich habe mit Dir gebetet.

Rundum zieren Dein Lager die verschiedensten Kuscheltiere, die für Dich alle eine bestimmte Bedeutung hatten. Und wieder erscheinen uns die Tiere lebendig, als wollten sie Dich schützend begleiten. Jedes Tier scheint Dir etwas anderes zu sagen.

Ein Kerzchen brennt, und etliche Besucher nehmen die Gelegenheit wahr, Dir, unserem Engel, einen letzten Abschiedsbesuch zu machen.

Der Arzt erscheint zur Feststellung des Todes. Er unterschreibt und versiegelt das Todesdokument wie ein Buch, das zu Ende geschrieben ist – endgültig und unwiderruflich.

Er kann nichts mehr tun, als uns sichtlich ergriffen sein Beileid auszusprechen und seine Bewunderung für unsere Hilfe Dir gegenüber und für unser Durchstehen dieser schweren Stunden zu äußern. »Ich weiß, daß ich Sie nicht mit Beruhigungsmitteln vollstopfen muß«, fügt er hinzu. »Ich kenne Ihre Einstellung und habe Achtung davor!«

Eigentlich ist hier Dein Leben abgeschlossen. Alles über Dich, unseren Engel, ist gesagt. Doch da sind noch der Nachruf, die Trauer über den Fortgang eines ganz besonderen Menschen, die Begleitung Deiner Lieben zur Beerdigung und der allerletzte Abschied von Dir, unserem über alles geliebten Sonnenschein.

Du liegst so schön aufgebahrt in Deinem Zimmer, daß ich bis in die späten Nachmittagsstunden zögere, das Beerdigungsinstitut zu benachrichtigen. Wir wollen Dich in Ruhe noch einige Stunden um uns haben, um uns bewußt auch von Deinem Körper zu verabschieden.

Nachdem der Diakon mit allen Anwesenden noch einige Gebete gesprochen hat und wir uns viel Zeit gelassen haben, Dich immer wieder anzuschauen und zu streicheln, um das Endgültige zu erfassen, wagen wir den schweren Anruf beim Beerdigungsinstitut. Der Leichenwagen fährt vor, um unser Bestes und Liebstes, unseren Sonnenschein, endgültig aus dem Hause zu holen – ein äußerst schwerer Moment.

Nun folgt der geschäftliche Teil, der jedoch mit viel Einfühlungsvermögen abläuft. Schnell sind wir uns alle über den Wortlaut der Todesanzeige einig. »Der Himmel hat einen lieben Engel mehr!« soll in festlicher Schreibschrift groß und deutlich aussagen, was wir verloren haben. Mit einem weiteren Spruch – »Herr, Dir in die Hände sei Anfang und Ende, sei alles gelegt!« – zieht noch einmal Dein Leben an uns vorbei. Wir sind dankbar, daß wir Dich hatten, auch wenn der Schmerz uns jetzt übermannt. Wir folgen bereitwillig dem Willen Deines Schöpfers, der ruft, wen er will und wann er will.

Die Zeit bis zu Deiner Beerdigung nutzen Deine Geschwister unter anderem dazu, für Deine Mitschüler, Lehrer und Betreuer kleine Andenkenkärtchen mit einem Foto von Dir anzufertigen, die ihnen nach Deiner Beerdigung überreicht werden sollen.

In der Nacht vor der Beerdigung haben wir alle wenig geschlafen. Trotz unseres Schmerzes tun wir alles, damit es eine würdige und besonders feierliche Bestattung wird, die ganz individuell auf Dich zugeschnitten ist, mein Schatz. Wir haben alle Deine behinderten Mitschüler eingeladen und ebenso deren Eltern und Lehrer. Sie werden nun die Feier auf eine Art, die ihnen entspricht, durchführen. Wir verzichten auf die Orgel; statt dessen werden die Kinder und Lehrer den musikalischen Rahmen selbst gestalten.

Bevor jedoch der schwere Gang zur Beerdigung ansteht, besuchen wir Deinen aufgebahrten Körper noch einmal in der Leichenhalle. Da liegt der bunte Primelkranz von uns Eltern mit der Schrift »In Liebe – Papa und Mama«. Daneben steht auf einem ebenso bunten Kranz Deiner Geschwister: »Du bleibst unser Sonnenschein.«

Zahlreiche weitere Kränze, Gestecke und Blumen bringen zum Ausdruck, wie viele liebe Menschen Dich und uns jetzt begleiten.

Es folgt der Weg zum feierlichen Seelenamt. Vor der Kirche steigen Deine behinderten Mitschüler aus ihren Kleinbussen und laufen auf uns zu. »Was ist mit Karin? Wo ist Karin?« fragen sie betroffen.

Der Diakon gestaltet nun zusammen mit dem Pfarrer der Gemeinde die feierliche Messe. Die Lieder haben die Schüler und Lehrer hervorragend ausgewählt. Da schallt nun der Gesang Deiner behinderten Schulkameraden durch die voll besetzte Kirche, und wir hören den Refrain: »Du hast uns deine Welt geschenkt, Herr, wir danken dir.«

Sie besingen die schöne, bunte Welt mit allem, was Du, mein Kind, so sehr geliebt hast; und sie besingen ihre Freundschaft mit Dir.

Während der Predigt höre ich Kinder weinen und traurig Deinen Namen rufen: »Karin!« Das geht mir unter die Haut und ist doch so natürlich herzlich, aber auch schmerzlich, wie es wohl nur geistig Behinderten ansteht, aber uns sogenannten Normalen nicht mehr erlaubt scheint.

Am Altar hilft ein behinderter Schüler mit. Er versieht seinen Dienst so froh und locker und umarmt die nichtbehinderten Meßdiener so herzlich, daß der Pfarrer verlegen zu Boden schaut und ich mich wieder einmal frage: »Wer ist denn nun hier behindert?«

Die Fürbitten, von Mitschülern und deren Eltern gesprochen, treiben mir die Tränen ins Gesicht. Zum Sanctus erschallt zu den einfachen Instrumenten der Kinder und der Gitarre des Lehrers unter klatschender Begleitung aller behinderter Kinder: »Laßt uns miteinander singen, danken, loben den Herrn!« Ich bin sicher, mein Engel: Den Herrn lobend, bist Du mitten unter uns!

Und der Spruch über Deinem Bett, der Dich Dein ganzes Leben begleitet hat, findet im ergreifenden Lied für Dich seinen Abschluß:

Das wünsche ich sehr,
daß immer einer bei Dir wär',
der lacht und spricht:
Fürchte Dich nicht!

Nach dem Seelenamt fährt ein Bus unsere Gäste zum Friedhof. In der Leichenhalle spricht der Diakon einige Gebete vor dem inzwischen verschlossenen weißen Sarg, der mit pinkfarbenem Gesteck geschmückt ist.

Es folgt der Zug aller Trauernden hinter dem Sarg hin zu Deiner Grabstätte. Ihn tragen als selbstverständliches Ehrengeleit Deine vier Geschwister – ein schwerer Moment für sie. Hinter dem Sarg folgen nach Deinen Eltern Deine engsten Freunde, und das sind natürlich Deine behinderten Mitschüler. Nachdem Deine Geschwister den Sarg hinunter ins Grab gelassen haben, holt Claudia aus ihrer Tasche zwei gelbe Sonnen und zwei braune Kuschelbären aus Ton. Sie stellt sie als Sinnbild Deines Lebens und letztes Geschenk von Deinen vier Geschwistern mit auf Dein Grab.

Ergriffen von all der Liebe und mitfühlenden Begleitung gehen wir zum gemeinsamen Kaffee, wo Deine Geschwister als Überraschung für Deine Freunde die Andenkenkärtchen überreichen.

Es gibt mir trotz all der Trauer ein rundum glückliches Gefühl, uns so feierlich und einfühlsam von Dir, unserem Sonnenschein, verabschiedet zu haben.

Du aber, unser Liebling, magst erstmals unbehindert, unbegrenzt, zeit- und raumlos, in völligem Einklang mit der Liebe Gottes, uns sehr nahe gewesen sein. Wir alle sind davon überzeugt, daß das, was da im Grabe liegt, Deine Hülle ist – wie bei der Raupe ihr Kokon. Wir können Dich, unser liebes Kind, jederzeit herbeirufen in dem Bewußtsein, einen Engel und Fürsprecher im Himmel zu haben.

Ich hatte eine kurze Zeit lang Gewissensbisse, Dich wieder ins Leben zurückgeholt zu haben in dem Wunsch, daß sich Deine Lieben von Dir verabschieden können. Du hast uns in Liebe und zuletzt unter großen Schmerzen diesen Wunsch erfüllt. Wie alle Deine Angehörigen empfinde ich bei jeder Erinnerung an Dich tiefe Dankbarkeit für Dein ganzes Leben, besonders aber auch für diese letzten Lebenstage und diese Sterbeerfahrung.

Und wenn der Schmerz vergeht, bleibt die liebevolle Erinnerung an einen besonderen Menschen zurück – unseren Sonnenschein Karin.

In liebevoller Erinnerung

Ich liege in meiner Hängematte und versinke gedanklich in das, was Vergangenheit geworden ist. Wie konntest Du Dich über all das Schöne in Deinem Leben freuen! Und wie konntest Du Deine Freude äußern – trotz Deiner sprachlichen Behinderung! Wahrlich, Deine Seele hat immer schon gesprochen!

Manchmal stehe ich in Deinem Zimmer und schaue wehmütig auf die Bilder von Dir und auf alles, was mich an Dich erinnert. Es tut so weh! Du fehlst mir!

Manche Menschen meinen, wir sollten doch froh sein, daß Du und wir erlöst seien. Manche wehren sogar meine Trauer ab. Ich komme wohl ihren eigenen Gefühlen zu nahe. In Deinem Zimmer pflege ich nun hin und wieder andere behinderte Kinder. Die verdutzten Blicke einiger Menschen sagen deutlich aus, was sie nicht verstehen können und wie wenig sie über geistig behinderte Menschen wissen.

Die Liebe zur Dir, mein Engel, geht über den Tod hinaus. Das zeigt auch Dein Grab, vor dem ich jetzt stehe und das so liebevoll geschmückt ist mit Symbolen Deines Lebens: Blumen und Windmühlen, Clown und Kuscheltier. Ich zünde ein Lämpchen an, und leise rede ich mit Dir.

Da mache ich eine Entdeckung, die mir bestätigt, daß Dein Leben weitergeht: An Deinem weißen Marmorgrabstein kriecht zur Mitte des Kreuzes hin, wo ein Foto von Dir eingearbeitet ist, eine winzige Schnecke mit Gehäuse. Sie ist so klein, wie ich noch nie zuvor eine in meinem Leben gesehen habe. Unten auf dem Boden des Grabes liegt zurückgelassen ihre Hülle, aus der sie schlüpfte. Dankbar nehme ich dieses Zeichen als Sinnbild Deines Weiterlebens an.

Ich schaue durch mein Zimmerfenster hinaus in den Frühling, der mit jedem Tag näherrückt. Ich sage traurig:

»Guck mal, mein Schatz, all die nun sprießenden Blumen kann ich Dir nun nicht mehr zeigen und auch nicht die vielen Tiere und die bunten Schmetterlinge.

Und dann ist da noch die liebe Sonne, die Dein Zimmer – Deinen ehemaligen Lebensraum – so wunderbar ausgeleuchtet hat. All das kannst Du nun nicht mehr erleben.«

Und ich höre Deine Antwort: »Ach, Mama, wie behindert Du doch bist! Wenn Du wüßtest, wie bunt und warm und licht es da ist, wo ich jetzt bin, und wie nah und grenzenlos ich Dir trotzdem bin ...«

Das tröstet mich, mein Engel.

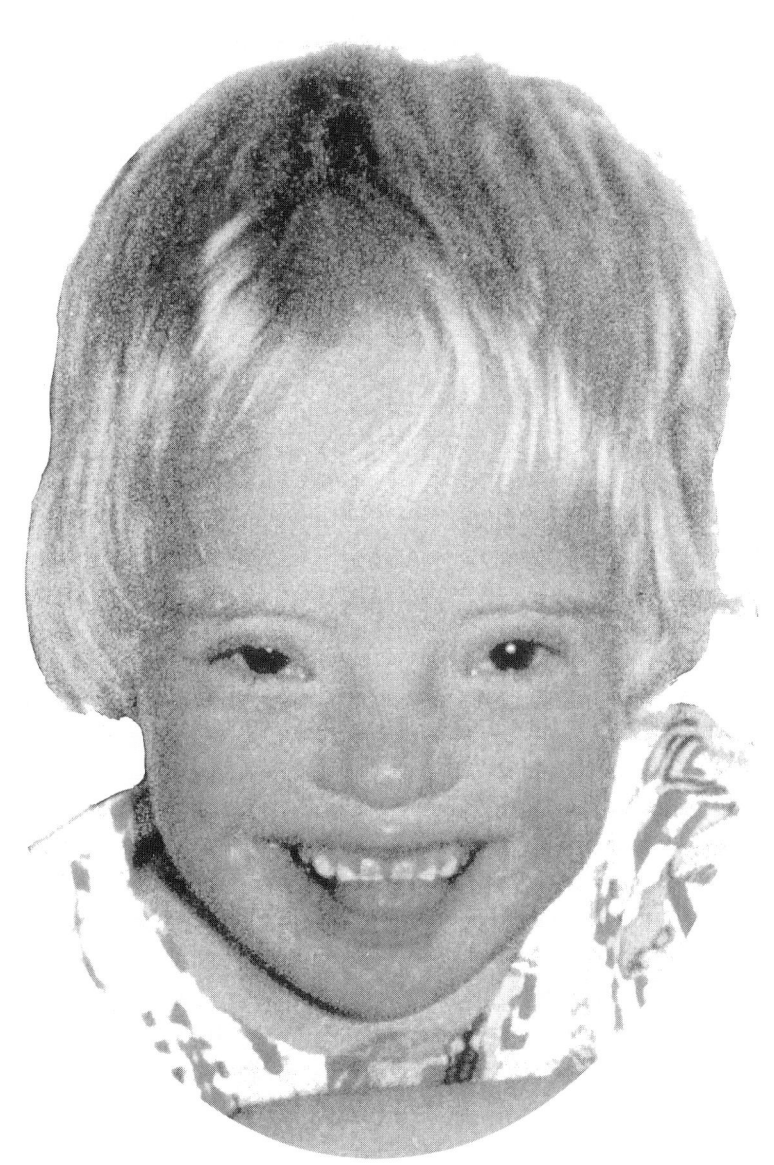

Weitere interessante Bücher
aus dem Verlag Hartmut Becker

Volker Blum. **Kindersegen.** Von Kindern, Pflegekindern und den Vorzügen des Elternseins. 234 S., ISBN 978-3-929480-09-2.

Michael Merk. **Hilfe, mein Kind wird gemobbt!** – Anfeindungen erkennen. Helfen – schützen – stärken. 248 S., ISBN 978-3-929480-05-4.

Dr. med. Christoph Hilsberg. **Liebe und Sex für Teenies.** Praktischer Ratgeber für Jugendliche, junge Erwachsene und Eltern. 314 S., ISBN 978-3-929480-16-0.

Tanja Fredersdorff. **Johanna und Olivia.** Erfüllter Kinderwunsch durch Adoption und künstliche Befruchtung. 174 S., ISBN 978-3-929480-26-9.

Eugen Füner. **Ist die Schule noch zu retten?** Ideen und Vorschläge für ein ganz anderes Bildungskonzept. 281 S., ISBN 978-3-929480-08-5.

Werner Müller. **Septemberkind.** Mit 380 g in die Welt. Die bewegende Geschichte eines Frühchens. 2. Auflage, 140 S., ISBN 978-3-929480-07-8.

Leporinus. **Fritz und Frauke.** Eine Jugendgeschichte in 7 Streichen, frei nach Wilhelm Buschs »Max und Moritz«. 47 S., 25 Zeichnungen von Serge und Wilhelm Busch, ISBN 978-3-929480-18-4.

Dr. Vera Biber. **Hilfe, mein Kind ist unerziehbar!** Leben mit einem hyperaktiven Kind. Erfahrungen und Ratschläge. 187 S., ISBN 978-3-929480-33-7.

Dr. med. vet. Vera Biber. **Hilfe, mein Hund ist unerziehbar!** Verhaltensänderung durch Futterumstellung. Erfahrungen und Ratschläge. 4. Auflage, 160 S., ISBN 978-3-929480-34-4.

Lara Andriessen. **Blutiger Sonnenaufgang.** Missbraucht – und geliebt. Ein Mädchenschicksal. 342 S., ISBN 978-3-929480-25-2.

Lara Andriessen. **Das selbst gewählte Exil.** Erfahrungen mit einem autistischen Kind. 213 S., ISBN 978-3-929480-60-3.

Lara Andriessen. **Die Faust des Märchenprinzen.** Tatsachenroman. 208 S., ISBN 978-3-929480-27-6.

Hubert Hein. **Fit für die zweite Lebenshälfte.** Infos, Ideen und Tipps für die Zeit nach dem Beruf. 2. Auflage, 297 S., 14 Abbildungen und 15 Tabellen, ISBN 978-3-929480-17-7.

Christine Heeg. **Mein Mann, der Alkoholiker.** Eine wahre Geschichte. 2. Auflage, 156 S., ISBN 978-3-929480-21-4.

Christine Heeg. **Die rote Unterhose.** Erfahrungen mit Kontaktanzeigen. 2. Auflage, 166 S., ISBN 978-3-929480-22-1.

Dr. Christian Mehrkühler. **Was ist Alkoholismus?** Informationen für Betroffene, Angehörige und Therapeuten. 93 S., ISBN 978-3-929480-35-1.

Dr. med. Helmut Brammer. **Die Rückkehr der Verantwortung.** Alkoholismustherapie in 3 Wochen. 2. Auflage, 106 S., ISBN 978-3-929480-32-0.

Mareike Lenz. **Das Leben ist das, was wir daraus machen.** Wie Denken, Fühlen und Handeln unser Glück bestimmen. 102 S., ISBN 978-3-929480-15-3.

Vicky von Vesta. **Männercocktail.** Eine Single-Frau streift durch ihre Jagdreviere. Roman. 301 S., ISBN 978-3-929480-02-3.

Tina Keller. **Schokolade und andere Höhepunkte.** Roman. 218 S., ISBN 978-3-929480-01-6.

Désirée Burger. **Ein Brief an alle Träumer.** Wie unsere Träume und Visionen wahr werden können. 85 S., ISBN 978-3-929480-14-6.

Viktoria Engel. **Der Ehehölle entronnen!** Vom Scherbenhaufen zu Aufbruch und Neubeginn. 269 S., ISBN 978-3-929480-24-5.

Michaele Linder. **Die Lieblingsfrau.** Ach, der Himmel über mir will die Erde nie berühren, und das Dort ist niemals hier. Roman. 154 S., ISBN 978-3-929480-04-7.

Suzanne Buis. **Keine Zeit für Freundlichkeit.** Hinter der Fassade eines Alten- und Pflegeheims. 151 S., ISBN 978-3-929480-11-5.

Manuela Lowak. **Pechmarie wird Goldmarie!** Eine Deutungsgeschichte und Märchentherapie zum Märchen »Die sechs Schwäne«. 294 S., ISBN 978-3-929480-13-9.